A BRIEF HISTORY OF CHINA FOR CHILDREN

中国简史

少年简读版 ①

毛瑞方◉主　编

青岛出版集团 | 青岛出版社

图书在版编目（CIP）数据

中国简史：少年简读版. 1 / 毛瑞方主编. — 青岛：青岛出版社，2024.1
ISBN 978-7-5736-1754-5

Ⅰ. ①中… Ⅱ. ①毛… Ⅲ. ①中国历史—少儿读物 Ⅳ. ① K209

中国国家版本馆 CIP 数据核字 (2023) 第 226582 号

ZHONGGUO JIANSHI （SHAONIAN JIANDU BAN）

书　　名 **中国简史**（少年简读版）
主　　编 毛瑞方
出版发行 青岛出版社（青岛市崂山区海尔路 182 号）
本社网址 http://www.qdpub.com
责任编辑 李康康
助理编辑 张　鑫
封面设计 刘　帅
排　　版 青岛艺鑫制版印刷有限公司
印　　刷 青岛新华印刷有限公司
出版日期 2024 年 1 月第 1 版　2024 年 1 月第 1 次印刷
开　　本 16 开（889mm×1194mm）
印　　张 20
字　　数 400 千
书　　号 ISBN 978-7-5736-1754-5
定　　价 136.00（全四册）
编校印装质量、盗版监督服务电话 4006532017　0532-68068050

前言

PREFACE

历史，是一本有趣的百科全书。每个时期，人们都会不约而同地把自己所经历的事情记录下来。即便是在茹毛饮血的原始时代，也有刻画在墙上或陶器上的生活场景，他们以此证明着自己的存在。

但我们所知道的历史，并不完全是它本来的样子，我们也无法仅通过某一本史书洞悉几千年历史发展的来龙去脉。尽管如此，历史的意义仍然不容小觑。“以史为镜，可以知兴替”，历史中有跌宕起伏的故事，有薪火相传的文明，有世事变迁的规律，有带领人们向前发展的力量。

大约 170 万年前，早期人类就生活在中华大地上了，中华文明就此悄然萌芽。经过漫长的积淀，5000 年前，文明之火在这片东方大陆上点燃。从君主制的建立到青铜器的发明，从分裂割据到王朝统一，从鼎盛到低谷，从没落到崛起，中华民族在历史的滚滚洪流中不屈不挠，不断向前，缔造了群星闪耀、光辉灿烂的历史天空。

撷取中国历史的重要里程，我们编写了《中国简史》（少年简读版），从史前时代讲到夏商西周，从春秋战国说到秦皇汉武，三国、两晋、南北朝、隋、唐、五代十国、宋、元、明、清……朝代更迭不断，中华文明绵延千年。我们将波澜壮阔的历史用简洁而详实的文字叙述，用精美而多彩的画作描绘，希望小读者能大致掌握中国历史的面貌，探寻历史演进的规律。

目录
CONTENTS

第一章
文明的曙光

第二章
王朝的更替

第三章
战争与变革

第一章 文明的曙光

在很久很久以前，中华大地上就有早期人类在活动。虽然那时候条件非常艰苦，生产力极其落后，但他们依然顽强地活着。大约在距今几十万年前，北京猿人出现了。他们过着群体生活，会使用天然火，还会制造简单的生产工具。之后，山顶洞人横空出世，他们就是我们的直系祖先。到这时为止，漫长的旧石器时代即将过去，新石器时代马上到来。在这个过程中，人类进化的步伐骤然加快，农业、畜牧业和手工业相继出现，文明发展到了一个新的高度。现在，我们一起去回顾一下那段奇妙的历史吧！

人类从何而来

孙悟空是从石头里出来的，葫芦娃是从葫芦里出来的，但这些只是关于虚拟人物起源的传说故事。那么，人类到底是从哪里来的呢？

▲ 盘古开天辟地

盘古开天辟地

相传在人类出现以前，天地一片混沌，就像一个很大的鸡蛋，里面睡着一个叫盘古的人。有一天，盘古突然苏醒了，他拿起一把斧头一顿乱砍，“轰隆”一声，天地之间裂了一条缝隙。为了阻止天地合并，盘古双手举着天空，双脚踩着大地，把天地支撑起来。过了很久，筋疲力尽的盘古倒地死去了，他的身体化为自然万物。

女娲捏土造人

盘古开辟了天地，但辽阔的大地上一个人也没有。女娲娘娘感到十分孤独，于是找来一些黄泥和清水，按照自己的模样捏了一个小泥人。当她把这个小泥人放在地上的时候，它竟然蹦蹦跳跳地活了起来！女娲娘娘非常高兴，又按照同样的办法造了很多小人。从此以后，地球上就有了人类，开始变得生机勃勃。

▼ 女娲造人

▼ 古猿的生活场景

▲ 达尔文

听听科学的解释

听了上面两个故事，是不是感觉非常美好呢？可是人类真的是这样来的吗？——当然不是！这些美丽的故事都是古人在科学不发达的情况下想象出来的，虽然浪漫动人，但终归不是事实。我们还是来听一下科学的解释吧！19世纪，英国著名生物学家达尔文在《物种起源》一书中阐述了生物由低级到高级、由简单到复杂的进化过程，创立了具有深远影响的生物进化论。随后，他又进一步提出了人类与猿猴在进化上的关系。

人类最原始的祖先

大多数学者都认为，在几千万年前，非洲高原上的亚热带森林里便有了最早的类人猿，它们就是现代类人猿和人类的共同祖先。后来地球上发生了翻天覆地的变化，森林大片大片地枯萎，古猿们没办法，只好走出森林，来到平原上生活，进化的速度大大加快。在长期的劳动中，古猿逐渐产生了语言，拥有了比较发达的大脑，并渐渐学会了打制一些简单的石器。懂得制造工具是人类诞生的标志之一。

神秘的元谋人

中国是早期人类的主要发源地之一，考古学家们已经发现了多处古人类遗址和多种猿人化石。那么，中国最早的人类到底出现在哪里？

考古界的一件大事

1965 年 5 月，中国考古界发生了一件大事：科学家们在云南省元谋县上那蚌村附近发现了两颗古人类的上中门齿化石。这两颗牙齿硕大粗壮，比较原始，跟我们的牙齿很不一样。经过研究后，科学家们认为这两枚门齿属于同一个成年男性，年代大概是在距今 170 万年前。这说明早在 170 万年前，中国广袤的大地上就已经有原始人类生活。

▼ 古人类上中门齿化石

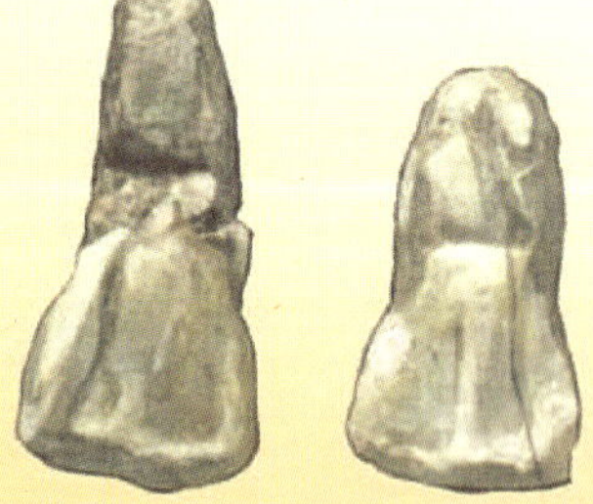

石器时代的分界

除了那两颗牙齿外，元谋县还出土了一些很有趣的物体——至少在考古学家们看来绝对是非常有趣的。这里曾出土了多件石制品，包括尖状器、刮削器等，上面有很清晰的人工痕迹。这说明元谋人已经开始制作和使用工具了。在考古学上，人们把以石头为工具的时代称为石器时代。其中，使用简单粗糙的打制石器的时代被称为旧石器时代，使用较为精细的磨制石器的时代被称为新石器时代。

▼ 元谋人的生活场景

元谋人生活的年代

一些材料显示，元谋人所使用的石器工具只经过了初步的加工，非常简单原始，因此元谋人是属于旧石器时代早期的人类。由于年代太过久远，除了那两颗牙齿和一些石器，几乎再也找不到什么相关的资料了。不过，根据科学研究和已经掌握的信息，我们可以大致想象出元谋人的生活。

古人类的里程碑

170多万年前，云南元谋还是郁郁葱葱的森林和草原，除了元谋人外，还有很多早期动物生活在这里。元谋人不会种粮食，也不会饲养牲畜，只能靠捕捉野兽和采摘野果来生存。为了捕捉到更多的野兽，他们慢慢学会了制作原始的石器。丰富的考古资料让我们对中国的古人类有了更深的了解，而元谋人是中国境内目前已确认的最早古人类，也是中国古人类史上的一个里程碑。

▼ 考古发掘现场

顽强的北京人

远古时代的社会生产力极为落后，原始人类的生存注定是一个十分艰难的过程。但在古老的华夏大地上，人类一直生生不息。继元谋人之后，我国境内又出现了蓝田人、北京人、和县猿人和山顶洞人等早期人类的身影。其中最著名的就是北京人和山顶洞人。

▼ 北京人复原像

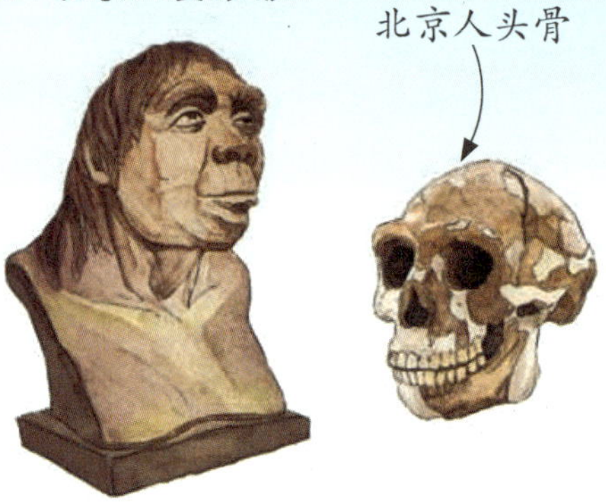

资料最丰富的古人类遗址

北京人遗址位于北京周口店龙骨山的一个洞穴里，文化层厚达 40 米，年代在距今 70 万 ~23 万年之间。这里先后出土了 6 个较为完整的头盖骨、12 块头骨和面骨的碎片、15 块下颌骨以及 150 多枚牙齿化石，此外还出土了上万件石器和打制石片，是猿人阶段化石资料最丰富的遗址。北京人遗址的发现，证明了直立人的存在，帮助科学家们弄清楚了人类进化的顺序，具有非常重要的意义。

北京人长什么样子呢?

北京人到底长什么样子呢？他们和我们长得像吗？通过研究，科学家们发现北京人眉骨十分粗壮，且鼻子扁平，嘴巴突出，头骨微微前倾，牙齿粗大，并且有复杂的纹理。很明显，北京人和我们不太像，还残留着一些猿类的特征。但北京人的平均脑容量已经达到了 1088 毫升，和我们已经相差不多（现代人脑容量约为 1350 毫升）。

▲ 北京人的生活场景

不太高明的制造技术

猿人时期的生活异常艰苦，他们没有发达的大脑，没有先进的武器，只能用最原始的工具与大自然进行艰苦卓绝的斗争。北京人虽然已经懂得制作石器，但其制造技术起初实在不太高明，基本都是稍加加工就投入使用，而且还无法形成固定的形状，一切随缘。在漫长的进化岁月里，北京人制作工具的技术也在一点一点地缓慢进步，工具已经有了具体的分类，大体上可以分为砍砸器、尖状器、刮削器等。

终于吃上熟肉了

在北京人居住过的洞穴里，科学家们发现了厚厚的灰烬层。这些灰烬说明，北京人已经懂得使用火并掌握了保存火种的方法。北京人用火烧烤食物、照明防寒和驱赶野兽，人类终于吃上了熟肉，体质得到增强。

▼ 原始人遇见火

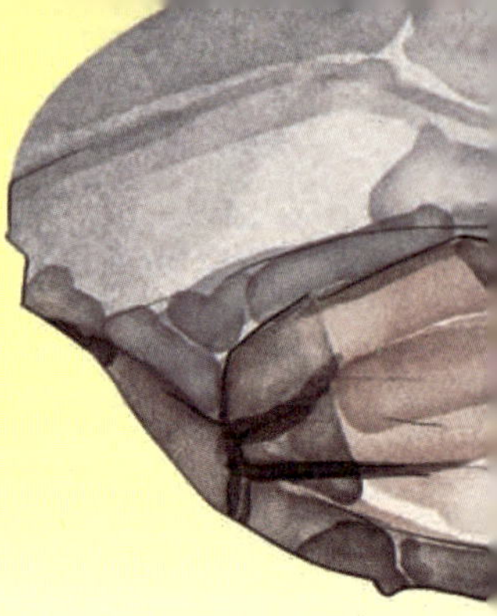

爱美的山顶洞人

北京人遗址的发现给考古界带来了诸多惊喜，不过这还没完，科学家在北京人遗址的上方又意外发现了另一个古人类遗址。因为该遗址发掘于龙骨山顶的一个洞穴里，所以这些古人类被称作“山顶洞人”。

山顶洞人的洞穴

山顶洞人的洞穴里面分为上室、下室和地窖，上室用来住人，下室可能是墓地，地窖则堆积着大量的动物化石，可能是山顶洞人的仓库。通过研究山顶洞人化石，科学家们发现他们的体质特征和脑容量已经和我们相差无几。

山顶洞人的生活

科学家们推测，山顶洞人可能已形成由血缘关系维系的氏族社会。通常情况下，一个氏族由几十人组成，他们拥有共同的祖先，一起劳动，一起分配食物，过着其乐融融的生活。氏族内部没有贫富贵贱的差别，大家都是平等的。当然了，因为性别和年龄的不同，每个人承担着不同的工作。青壮年男子主要负责狩猎、捕鱼和防御猛兽，妇女主要负责制作食物、缝制衣服、养育儿女等。

▲ 处理兽皮的山顶洞人

山顶洞人的衣服

山顶洞人们为了抵御寒冷的天气，开始使用兽皮制作原始的衣物。但是，这些兽皮异常坚韧，难以处理，为了更方便地制作衣服，山顶洞人发明了最早的缝纫工具——骨针。有了这个“神器”，山顶洞人就可以缝衣服了。尽管这些衣物用现在的眼光看有些粗糙，但在当时无疑帮助山顶洞人抗过了一个个的夜晚与寒冬。

▲ 山顶洞人的生活场景

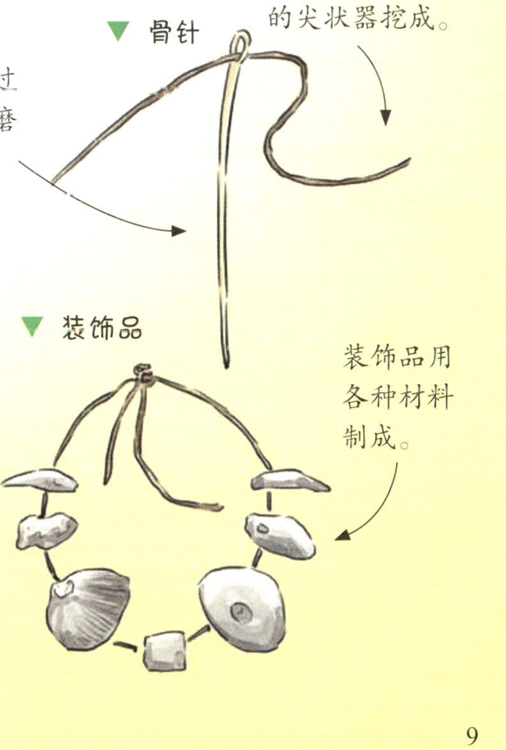

制作装饰品

山顶洞人虽然和北京人生活在同一片区域，但很显然，他们比北京人更加聪明，手也更加灵巧。在漫长的生活实践中，山顶洞人改进了制造石器的技术，学会了磨光、钻孔等技术。科学家们推测，山顶洞人在给石器钻孔的时候，可能还意外掌握了人工取火的方法。除此之外，山顶洞人还有一个非常显著的特征，那就是已经形成审美观念。他们会在闲暇的时候制作一些精美的装饰品，比如穿孔的兽牙、小石珠、小石坠等。

母系氏族社会的繁荣期

氏族社会是原始社会发展的重要时期，又可以分成母系氏族社会和父系氏族社会两个阶段。大约从一万年前开始，中国进入母系氏族公社的繁荣期，河姆渡文化和半坡文化就是其中的典型代表。

▲ 河姆渡人的生活场景

古老而灿烂的河姆渡文化

河姆渡文化发现于长江流域的浙江余姚河姆渡镇，这一时期进入了新石器时代。这里出土了很多生产工具、生活器具和原始艺术品，光陶片就有几十万片。单从这个数字可以判断出，当时这里的人口已经初具规模了。那他们是靠什么填饱肚子的呢？仅仅靠传统的渔猎吗？当然不是。在当时，河姆渡人已经在实践中摸索出了粮食种植的规律，开始大量种植水稻。他们还在长期的狩猎过程中驯化了一些动物，生活条件已经明显改善了。

▼ 正在种植的半坡人

美丽的艺术品

河姆渡人住的房子主要是干栏式建筑，这是一种高出地面的木、竹制房子，上层用来住人，下层用来饲养牲畜，解决了南方气候潮湿的问题，能够有效地防水防潮。为了解决用水的问题，河姆渡人还在地势低洼的地方开挖水井。

半坡人的生活

半坡文化是我国北方新石器时代文化的代表。半坡人生活在今陕西西安的半坡村，他们也发展出了早期农业，但他们种植的不是水稻，而是粟。大约从那时起，中国就出现了南稻北粟的农业格局。半坡人最主要的生产工具是磨制石器和骨器，他们用石铲翻地，用石刀收割，生产力水平明显提高。他们把暂时吃不完的动物驯养起来，我们现在常见的猪、狗等牲畜，在那时已经开始被驯养。

▼ 半坡遗址出土的彩陶盆

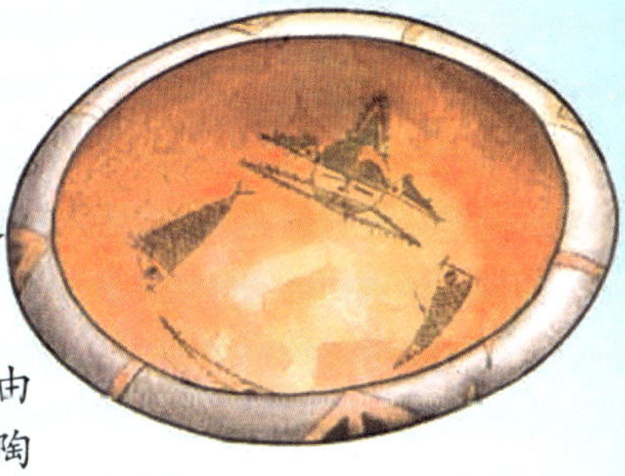

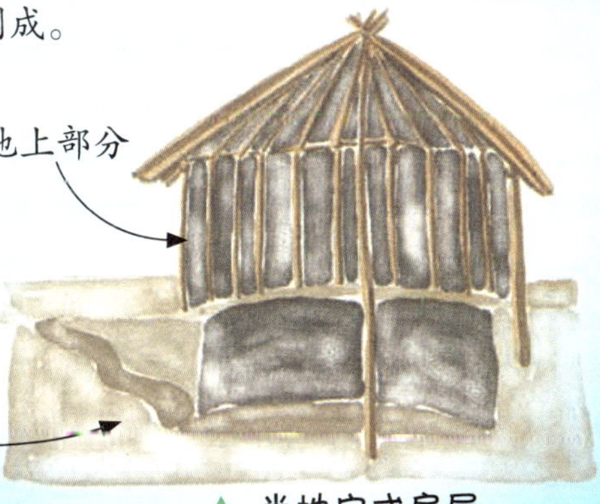

▲ 半地穴式房屋

半地穴式房子

半坡人最主要的生活用具是陶器。他们的陶器种类繁多，器形多样。其中，人面鱼纹盆是半坡彩陶中最具代表性的作品，内壁用黑彩绘出对称的人面鱼纹，形象奇特，工艺水平高超，达到了相当精美的程度。半坡人居住的房子被称为“半地穴式”房屋，这种房子一半在地下，一半在地上。为了防御其他部落和野兽的突然袭击，他们还在房子周围修筑了鸿沟等防御工事来保卫自己的安全。

原始社会的尽头

河姆渡人和半坡人所处的时期正是母系氏族社会的繁荣期，女性是当时社会的主导者和决策者。那么，这种情况是在什么时候被打破的呢？又是因为什么原因呢？

女性一统天下

在母系氏族社会的繁荣期，男子主要从事渔猎，保卫氏族安全。而妇女的工作就比较烦琐了，她们要负责管理农业、畜牧业和采集业，还负责抚育子女、制陶、纺织，在社会生产生活中担任着更加重要的角色。再加上女性在确定血缘关系、维系氏族生存等方面也发挥着主导作用，因此女性便自然而然地成了社会的主导者。氏族首领大都由年长的妇女担任，地位崇高，受人尊敬。

▼ 大汶口出土的八角星纹彩陶豆

▲ 大汶口出土的陶尊

▼ 女性占统治地位的母系氏族社会

男性的崛起

从生理特点上来说，男性力气更大，并且不用生育。随着社会生产力的进一步发展，男性在农业、畜牧业和手工业等社会生产中发挥出越来越大的作用，并逐渐占据主导地位。女性则渐渐退居二线，主要从事一些家庭劳动，社会地位下降了不少。由于男女在社会生产中地位的变化，男性慢慢成为社会的主导者，原始社会逐渐从母系氏族社会向父系氏族社会转变。

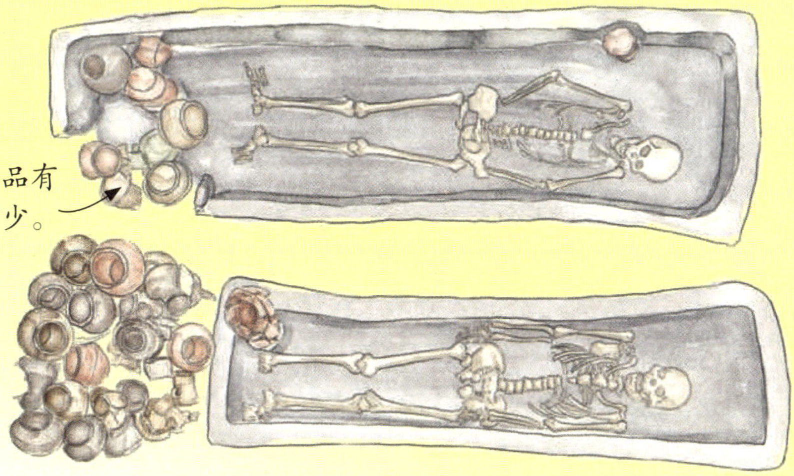

▲ 陪葬品的区别体现了早期的贫富差距

大汶口文化

大汶口文化遗址位于山东省泰安市的大汶口一带，以农业经济为主，主要生产工具有石铲、耒耜等。此时，农业生产已经成为主要的食物来源，生产工具也有了显著的进步，粮食产量显著提高。于是，一部分人被分出来专门从事手工业生产。大汶口文化的制陶、制玉、制骨技术都有巨大的进步，其中又以制陶技术的提升最为突出。

贫富差距的出现

到父系氏族公社后期，氏族分化成若干个家庭，氏族内部人人平等的局面已经一去不复返了。到大汶口文化后期，社会出现了明显的贫富分化，有钱人的墓穴里有大量精美的陶器和其他贵重陪葬品，而穷人的墓里只有几件粗糙的陶器而已。伴随着私有制的出现，阶级和阶级压迫逐步产生，中国的原始社会开始逐步瓦解，一种新的文明形态正在华夏大地上悄然兴起。

魔幻的英雄时代

父系氏族社会时期，生产力得到发展，私有财产的范围不断扩大，大家已经不像以前一样共同劳动、共同分配，而是拥有了更多的私人物品。在距今四五千年前，住在黄河流域和长江流域的先民先后进入了魔幻的英雄时代。

黄帝部落和炎帝部落

在神秘的英雄时代，黄河流域生活着两个著名的部落：一个是姬姓部落，首领叫黄帝；另一个是姜姓部落，首领叫炎帝。相传，黄帝在几个月大的时候就能说话，十几岁就无所不通。成年后他担任部落首领，被列为“五帝”之首。炎帝部落生活在姜水流域，善于农耕。黄帝和炎帝本是同源共祖的远缘亲属，两族经常互通婚姻。中原地区逐渐形成了两强并立的局面。

▼ 涿鹿之战

阪泉之战

黄帝部落与炎帝部落在各自吞并周围小部落的过程中难免会产生摩擦。有一次，炎帝部落想要吞并的部落归顺了黄帝部落，于是黄帝部落与炎帝部落正式开战。黄帝人心所向，军备充足，实力较强，经过几次大战后，炎帝最终战败，并率领全族归降了黄帝。这几次战争虽然又残忍又激烈，但同时也打破了氏族之间的隔阂，促进了各个部族的融合。

涿鹿之战

居住在东方的九黎部落首领蚩尤企图率领部众向中原地区发展，途中遭遇炎帝，双方展开了战斗。蚩尤部落骁勇善战，炎帝不是对手，被打得节节败退，便向黄帝求援。炎黄部落组织大军，在涿鹿（今河北涿鹿县）与蚩尤展开大战。传说蚩尤变化无穷，有呼风唤雨召雾的本领。他施展法术使大雾弥漫了三天三夜，黄帝九战连败。在这万分危急之时，黄帝发明出指南车来辨明方向，最后终于冲出迷雾杀死蚩尤，赢得了战争的胜利。

▼ 炎帝与黄帝结盟

炎帝又号称“神农氏”。

据说蚩尤有81个铜头铁骨的兄弟。

我们都是“炎黄子孙”

相传，黄帝善于发明创造，发明了舟车、衣裳等。此外，黄帝部落也能人辈出，他的史官仓颉发明了文字，乐官伶伦发明了乐律，妻子嫘祖发明了养蚕抽丝的技术，为中华文明做出了很大贡献。而炎帝部落是一个善于耕种的部落，炎帝教人种植五谷，改进了农具，使粮食连年丰收，被人们尊为“神农氏”。此外他还尝遍百草，发现药材，教人如何治病。为了纪念他们的功绩，一直到现在，我们依然会骄傲地称自己为“炎黄子孙”。

早期国家的萌芽

黄帝统一中原后，各个部落加强了交流和融合，并开始逐渐走向统一，后世国家的雏形已经开始显现了。在黄帝之后，华夏大地上又相继出现了三个著名的部落联盟首领，他们分别是尧、舜和禹，我们来看一看他们的故事吧！

▲ 联盟首领的禅让

心怀百姓的尧

尧居住在平阳（今山西临汾一带），是帝喾的儿子。尧虽然出身名门，家世显赫，但他生活简朴，胸怀大义，关心百姓。当上了部落联盟首领之后，尧依然不改本色，住着茅草屋，吃着野菜汤，也没几件好衣服。但尧一点也不在意这些，处处为人民着想，赢得了大家的赞誉和拥护。但圣人也会变老，在位70年之后，尧已经成为一个白发苍苍的老者。他要选谁来继任部落联盟首领的职位呢？

与民共苦的舜

尧一心为民，但尧的儿子丹朱却非常叛逆，因此尧经常留心天下的贤人，打算把首领的位置禅让给贤人。选一个合格的继承人并不是一件容易的事情，就在大家完全没有头绪的时候，一个人闯进了人们的视线中，这个人就是舜。舜的名字叫作重华，他生性忠厚，孝顺父母，又十分有才干。尧在经过考察之后便把首领的位子让给了舜，还把自己的两个女儿娥皇和女英嫁给了他。舜在位期间，与部落人民同甘共苦、风雨同舟，受到了大家的拥护。

▼ 大禹治水

新一轮的治水历程

远古时期，人们为了方便用水，往往会选择在大江大河附近定居。但这样做也有坏处——时常爆发的水患往往会威胁人们的生存。为了解决这个问题，尧曾经派禹的父亲鲧前去治水。但鲧只会加高堤防，不懂疏导河道，结果越堵越糟。舜继位后，便把治水不力的鲧处死了。可是水患依然存在，还需要有人带领大家征服洪水。这时禹站了出来，他继承父亲的未竟之志，开始了新一轮的治水历程。

▲ 禹三过家门而不入

▲ 禹在考察调研

洪水终于被征服了

禹没有着急去堵泛滥的洪水，而是首先带领大家进行了大量实地考察，确立了筑堤和疏导相结合的治水方针。在治水期间，禹身先士卒，一心为公，曾三过家门而不入。经过十多年艰苦卓绝的努力，禹终于带领部众驯服了桀骜不驯的洪水，成就了流芳千古的伟大功绩。于是，在舜快要退休的时候，他毫不犹豫地将部落联盟首领之位传给了治水英雄禹。

夏朝的诞生

禹治好了泛滥多年的洪水，在位期间还征伐三苗，划九州，初步奠定了早期国家的模样。但是禹死后，他的儿子启打破了尧和舜的禅让制度，开创了历史上第一个子承父位的世袭王朝——夏朝。

▲ 禹和伯益

初步建立王权

禹继位后正式成为部落联盟的首领，他选皋陶为继承人，让皋陶负责处理部落内部的一些具体事务。在位期间，禹率领各个部落的首领征伐三苗并将其打败。在这个过程中，禹初步建立了王权，并在阳翟（今河南禹州）定都。没过多久，皋陶去世了，于是禹又将伯益定为了继承人。此时，禹并没有将国家看作是自己的，因此在年老时想遵循传统的禅让制，把首领的位置让给伯益。但最终，伯益却没有成为部落联盟的首领，这是为什么呢？

王位之争

根据一些记载，禹在临终前曾经向天下百姓推荐伯益为继任首领。伯益虽然贤能，但手里毕竟还没有什么权力。等到禹去世后，禹的儿子启心里不服气：好端端的，首领的位置就这样被人抢去了。于是，启杀死了伯益，成功夺取了王位。

▼ 甘之战

从禅让到世袭

传统禅让制的观念在当时的部落里还有一定的影响，一些恪守传统的部落首领觉得启破坏了祖宗定下的规矩，并不赞成启继位。不久，部落联盟中的有扈氏部落起兵公然反对启继位，启亲率大军讨伐有扈氏，双方在甘（今陕西西安）展开一场恶战。最终有扈氏战败，启也通过这次战争巩固了自己的地位。至此，传统的禅让制度被彻底破坏，父子相传的世袭制度得以确立。

一场盛大的“钧台之享”

经过不断的战争，启完成了由禅让制到世袭制的转变，开创了家天下的局面，确立了夏王朝的统治基础。随后，启在钧台（今河南禹州）举行了盛大的宴飨，众多部落首领都来到阳翟朝会，这就是历史上著名的“钧台之享”。随着世袭制的巩固，以王为中心的国家机制逐渐建立起来，中国即将进入一个新的历史时期。

▼ 夏启与伯益之战

第二章

王朝的更替

约公元前 2070 年，禹的儿子启建立了中国历史上第一个奴隶制国家——夏朝。虽然夏朝的政治制度还比较简单，但依然具有前所未有的开创意义。从此，中国历史翻开了新的篇章。在此后的一千多年里，中华大地上发生了多次王朝更替。从商汤灭夏到武王伐纣，再到平王东迁，在时光和朝代的流转变换中，各色英雄人物依次登场，贡献了自己的精彩“演出”，推动了社会的发展，为中华文明的发展奠定了基础。

夏朝的政治制度

在夏朝的等级制度中，夏王是一国之君，拥有较高的权力；夏王下面是六卿，主要的职责是辅佐夏王；六卿下面又有一些官员，管理一些具体事务。军队和刑法也是一个国家的重要组成部分，有了军队就可以保护自己的子民和领土，有了刑法就可以惩治那些做坏事的人。夏朝已经有了一支比较强大的军队，还出现了中国最早的法律——“禹刑”，并确立了一定的贡赋制度。虽然夏朝的制度体系还很不完善，但已经具备了国家的特征。

一波三折的复国之路

启成功捍卫了王权，成为夏王朝的第一代帝王，但在当时的社会上存在很多个势力集团，夏只是其中实力较强大的一个罢了。因此，最初夏王朝的统治并不稳固，经历了很多波折。

太康失国

启得了王位后便开始放纵自己，整天饮酒打猎，不再追求功业。继位为王的太康同样不理政事。于是，东夷族部落的首领夷羿乘机起兵，攻占了夏朝的都城，赶走了太康，这就是历史上著名的“太康失国”。夷羿先后控制太康的弟弟仲康、仲康的儿子相为王，并且在相逃跑后登上王位。夷羿取得王位后同样贪图享乐，重用他的亲信寒浞。寒浞是历史上有名的恶徒，很快就趁机杀掉了夷羿，夺位称王。

▼ 夏朝成为第一个世袭王朝

▲ 贪图享乐的太康

少康中兴

仲康之子相在夷羿的控制下做了一段时间的王，后来找机会逃到了帝丘（今河南濮阳县南）。寒浞夺取了夷羿的王位后就派兵杀死了相，幸好相的妻子死里逃生，回到娘家有仍（今山东济宁）。那时她已经怀有身孕，不久之后生下相的骨肉少康。少康长大后在有仍当牧正，但寒浞又派人去追杀他，无奈之下，少康只好逃到有虞（今河南商丘虞城县）。有虞的首领非常欣赏少康，不仅给他官职和土地，还把两个女儿嫁给了他。少康在这里招纳余部，为复国做准备。而此时的寒浞骄奢淫逸，内外交困，早已失去了人民的信任。最终，少康联合各部落起兵消灭了寒浞，夺回了王位。

▲ 少康重视农业发展

按照东汉文字学家许慎的记载，少康就是杜康，是酿酒的开山鼻祖。

▼ 东夷部落攻取夏朝都城

欣欣向荣的局面

少康复国之后重视农业生产，积极治理水患，使社会呈现出一片欣欣向荣的局面。少康死后，他的儿子杼继位，领兵攻打东夷，一直打到东海，造就了夏朝的极盛时期。杼立下很大功劳，被夏人看作能够继承禹的一代明王。在杼之后，夏朝进入了稳步发展的时期。

▲ 贪酒好色的夏桀

历史上第一位暴君

随着历史的发展，夏王朝的统治逐渐走向没落，充满了衰败的气息。到最后一位君主夏桀时，夏朝也即将走到生命的尽头。夏桀究竟是怎样的一个人呢？

性格残暴，嗜酒好色

夏桀是夏朝最后一位君主。历史上的夏桀并不是我们想象中的无能之辈。相传，他力大无穷，智勇双全，能够生擒牛虎，折断钩索。但是他性格残暴，嗜酒好色。根据一些记载，夏桀为了享乐，大量搜刮老百姓的钱财用来修建宫殿和楼台。百姓们对他十分怨恨，恨不得与他同归于尽。

刚愎自用，一意孤行

一些大臣看不惯夏桀的胡作非为，对他好言相劝。但夏桀刚愎自用，一意孤行，不听忠臣劝谏，任用奸佞之人，并且滥用酷刑。大臣们受不了夏桀的暴政，纷纷逃离，统治阶级内部已经分崩离析。为了缓解内部矛盾，夏桀决定召集各部落首领发动对外战争。即将征伐有施氏时，有施氏送了一个叫作妹喜的美女给夏桀，这才得以幸免。战争导致夏朝和周边方国部落的关系越来越差，原本归附夏朝的一些方国部落首领都不愿意再支持这样一个君王了。此时，东方的商汤实力不断增强，已经显现出取而代之的趋势了。

▼ 鸣条之战

商汤起兵讨伐

公元前 1600 年左右，羽翼丰满的商汤起兵讨伐夏朝，四方的诸侯们纷纷响应。商汤举行了盛大的战前誓师，列举了夏桀的种种罪行，包括破坏生产、盘剥民众等，声称自己起兵不是造反，而是要替天行道，救百姓于水火。商汤手下的士兵和前来投奔的诸侯听了都振奋不已，迫不及待地要推翻夏桀的统治。在众叛亲离、大敌来临之际，夏桀如梦初醒，但为时已晚，一场大决战即将展开。

商汤起兵誓师，这篇檄文称为《汤誓》。

▲ 商汤起兵誓师

夏与商的大决战

夏桀把军队主力部署在商军正面，后方空虚，于是商汤亲率大军绕道西方，袭击夏的都城。夏桀被打了个措手不及，赶忙集结军队迎战商汤。商军作战勇猛，斗志高昂，而夏朝的士兵都不愿为夏桀卖命，夏军如同强弩之末，商军一举便摧毁了夏军主力。夏桀带着残军逃到鸣条，商汤乘胜追击，终于彻底战胜了夏桀，并将其流放至南巢（今安徽巢湖）。夏朝宣告灭亡，中国历史上第二个奴隶制王朝得以建立。

鸣条之战是商王朝的立国之战。

商朝多次迁都

从景亳之会起兵，到消灭夏桀，商汤声名鹊起，终于在诸侯的推举下称王，商朝正式建立起来。但早期的商王朝频频迁都，为什么会出现这样的情况呢？

商朝前期的君王

建立商朝后，商汤勤政爱民，以身作则，受到诸侯和百姓的爱戴。太丁是商汤的长子，本来应该由他继位，但他还没等到继位就去世了。商汤死后，王位由太丁的弟弟外丙、仲壬先后继承，但是这两位在位没多久也去世了。商汤的重臣伊尹又立太丁的儿子太甲为王，由他辅佐。但太甲继位以后不理政事，放浪形骸，完全不把商汤制定的典章制度放在眼里。伊尹非常生气，就把他软禁起来。三年后，太甲幡然醒悟，改过自新，于是伊尹又恢复了他的王位。复位后的太甲继承了商汤的事业，一时诸侯归顺，百姓安居。

▼ 伊尹训太甲

激烈的“九世之乱”

太甲在位时，商朝的统治还算稳定，但是从仲丁往后，商王朝却频频迁都，这和王室内部的权力纷争有关。商王朝前期的王位继承制度以兄终弟及为主，父子相传为辅。从仲丁开始，继位之弟死时，弟之子都不肯将王位交还给兄之子，王室内部连续发生王位纷争。这种情况一直持续到了阳甲，共五代九王，史称“九世之乱”。“九世之乱”持续近百年，削弱了商王朝的统治力量，出现了诸侯莫朝的局面。

▲ 盘庚迁殷

盘庚再次迁都

阳甲死后，他的弟弟盘庚继位。为了平息王室内部的纷争，稳定商朝的统治，盘庚决定再次迁都！这次，他选择了殷（今河南安阳小屯村）作为新都的地址。毫无疑问，迁都肯定会削弱奴隶主贵族的权势，他们为了维护自己的权益，纷纷站出来表示反对。而百姓也不太愿意迁都，毕竟当时的交通条件非常艰苦，长途跋涉地搬一次家实在是太麻烦了。为了说服大家同意迁都，盘庚可是费了不少口舌。

安定的家园

事实证明，盘庚的决定是非常英明的。迁都于殷之后，商朝就出现了百姓安居、社会复兴的局面。从此，商朝的都城就固定在殷，一直到商朝灭亡都没再迁都。盘庚迁殷结束了“九世之乱”的局面，使王室内部的政治纷争得到解决，商朝终于在殷找到了安定的家园！

▶ 盘庚与臣子商议迁都事宜

纣王的残暴统治

盘庚迁殷之后，商朝在各个方面都得到了较大的发展，殷也因此成为全国的政治、经济和文化中心。武丁继位后，商朝达到了极盛时期。但这种盛世没持续多久，商朝很快就走上了下坡路。

▲ 声色犬马的纣王

商朝的全盛时期

盘庚死后，王位由他的弟弟小辛、小乙先后继承。公元前1250年，小乙的儿子武丁继位。武丁不拘一格提拔人才，任用奴隶出身的傅说为丞相，大力推行政治改革。当时，武丁亲自率兵征伐四方。他的妻子妇好也英勇善战，是商朝后期非常杰出的女将领。在武丁的治理下，商朝武力大盛，不仅有效遏制了周边游牧民族的侵扰，还拓展了商朝的疆域，商朝进入全盛时期，史称"武丁中兴"。

亡国的丧钟

极盛之后往往伴随着衰败。武丁之后的统治者频有腐败的情况发生，一味追求享乐，不理政事，置天下子民于不顾。王位传到纣王帝辛时，商王朝已经敲响了丧钟。纣王是商朝最后一位君王，也是在后世最出名的商朝君王之一。不过他的出名不是因为仁德才干或文治武功，而是因为他的腐败和残暴。商纣王真的如同史书上所说的那样残暴无德吗？

商纣王的穷兵黩武

其实，历史上的商纣王并不是无能之君，他思维敏捷，能征善战。纣王即位后便削弱贵族的权势，使各地诸侯纷纷叛离。商纣王多次大举征讨东夷，尽管取得了胜利，但是连年的战争消耗了大量的人力物力，加重了百姓的负担，从而激起了人民群众的强烈反抗。这就是《左传》中说的“纣克东夷而陨其身”。

▶ 商朝四处征讨

成为孤家寡人

虽然商纣王称得上是一位能征善战的君王，但他的残暴无德、淫乱享乐同样也名不虚传。他听信奸臣谗言，从民间选征大量美女用来淫乐，过着奢靡的生活。此外，商纣王还滥施酷刑。相传他创造了一种炮烙之刑，将人绑在烧红的铜柱上活活烤死，十分残忍。有忠心的臣子眼看商朝日益衰败，于是冒死进谏，商纣王就用残忍的手段将他们统统杀死。最终，商纣王重蹈了夏桀的覆辙，众叛亲离，成为孤家寡人。

▼ 不得人心的纣王

周武王起兵伐纣

纣王的暴政惹得天怒人怨，商朝的实力也大不如从前，而周部族在周文王的励精图治下日益强大起来。周武王即位后，决定推翻商纣王的残暴统治，他能成功吗？历史又将进入一个怎样的朝代呢？

周人的祖先

相传，周人是帝喾的后裔，他们的始祖母姜嫄踩到了一个巨人的足迹后怀孕，生下了周族的第一个男性始祖——弃。弃善于农耕，为农业的发展做出卓越贡献，被人们称为“后稷”。到了古公亶父时期，周人迁到了周原（今陕西岐山），并在这里定居。他们兴建城邑，发展农业，繁衍生息，很快就创造出一片繁荣景象。

▼ 姬昌广纳人才，拜访姜子牙

周族的崛起

古公亶父死后，他的儿子季历继位，此时的周族已经小有实力。季历发展农业生产，征伐西方戎狄部落，取得了很大胜利。周族的迅速崛起引起了商朝的不安，为了遏制周的发展，商王文丁找借口杀死了季历。季历死后，他的儿子姬昌继位。他忍辱负重，表面假装臣服，暗地里却偷偷扩充实力。姬昌礼贤下士，广纳人才，拜姜尚（又称姜子牙）为军师，积极扩充疆土，发展生产，使周的实力进一步增强。

▲ 武王起兵

大会八百诸侯

就在周蒸蒸日上的时候，商朝却内外交困，混乱不堪。姬昌曾立志要灭掉商朝，但还没等起兵就离开了人世。姬昌去世后，他的儿子姬发继位。姬发继承了父亲的遗志，以消灭商朝为目标。他继续任用姜尚，又任用自己的弟弟周公旦辅佐自己。几年后，商朝的统治进一步衰落，统治集团内部分崩离析。武王趁机率兵东进，一路所向披靡，在河南孟津大会八百诸侯。

商纣王自食恶果

商纣王淫乱残暴，诸侯纷纷叛商归周，商军主力又在外征伐，此时的商纣王彻底成了孤家寡人。眼看灭商时机已经成熟，周武王毅然起兵，在孟津和各路诸侯会合，拉开了灭商战争的序幕。商纣王急忙下令调回在东方作战的大军，但远水解不了近渴，大军在短时间内根本赶不回来。无奈之下，商纣王只好集结了十几万奴隶和民众仓皇应战，和周武王在殷的郊外牧野（今河南淇县）对峙。商军虽然人数众多，但他们都不愿为商纣王卖命，而是在牧野之战中倒戈，引导周军攻入朝歌。商纣王知道大势已去，登上鹿台自焚而死，商朝宣告灭亡。

▼ 牧野之战

西周王朝的统治

通过艰苦卓绝的奋斗，周武王终于推翻了商朝的统治，正式建立了周朝。此时战场上的硝烟逐渐散去，全国的局势也基本稳定。但另一个问题摆在面前：怎样才能对全国的领土实行有效统治呢？

周武王分封诸侯

周初分封天下

在班师回朝之前，周武王派纣王的儿子武庚驻守殷都，又封自己的弟弟管叔、蔡叔和霍叔领兵驻守在殷都附近监视武庚，号称“三监”。此时的周王朝疆域空前辽阔，于是武王决定实行分封制来统治全国。他把土地和人民分封给自己的同姓亲属、贵族以及功臣等，让他们去各地做诸侯，以此来镇守疆土、守卫王室。两年后，武王病死。成王年幼，武王的弟弟周公摄政。管叔和蔡叔对此不满，于是他们在背后散播谣言，说周公心怀不轨，图谋篡夺王位。他们还和武庚勾结谋划起兵作乱，妄想推翻周公的统治。

镇压“三监”叛乱

为了镇压“三监”的叛乱，周公领兵东征，平定叛乱，而后诛杀了武庚和管叔，并将蔡叔流放，彻底削弱了殷商的残余势力。战争结束后，在周公的主持下，周王朝进行了第二次大规模分封，先后分封了鲁、齐、燕、卫等诸侯国。但这些诸侯必须听从周天子的命令，定期向天子纳贡，打仗的时候还要带兵随从天子作战。通过层层分封，周王朝加强了对周边的控制，巩固了统治。

成康之治

成王死后，康王即位。康王遵循“息民”的政策，告诫诸侯，要他们注意自己的行为，不要闹事。在位期间，康王对鬼方进行征伐，还巡视东方的诸侯国，除此之外就再没有什么耗费国力的举措了。在康王的治理下，周王朝国力蒸蒸日上，社会繁荣安定，诸侯归顺臣服，进入了强盛时期。成王和康王统治的时期被称为“成康之治”，西周的疆域和人口不断增加，政治、经济、文化空前繁荣。

▲ 成康之治

昭王南巡不返之谜

康王死后，昭王继位。昭王在位期间，荆楚一带的小邦国联合起兵作乱，昭王带兵跨过汉水进行讨伐，将其一举击败。公元前 977 年，那些邦国再次发动叛乱，昭王又对其进行征讨。就是这一次南征，留下了历史上一个不解之谜——周昭王到底是怎么死的？有一种说法是，在渡汉水时，船夫用胶液粘连的船载昭王过河，当船行至河中央时，船身突然解体，可怜的昭王被淹死在河里。

▼ 周昭王溺水事件

国人暴动与宣王中兴

到了西周中后期，周王朝趋于衰落。周厉王即位以后推行了一系列严苛政策，最后引发了一场大骚乱。周厉王外出逃命，最后竟然死在异乡。他究竟做了什么？他为何会落得如此下场呢？

国人暴动

公元前 877 年，周厉王即位，他贪财好利，对国内的自然资源实施“专利”制度，对各级贵族设置多项贡赋。贵族们有了这样的负担后自然不会自己承担，而是转嫁到了周朝的百姓身上。为了平息民愤，周厉王决定用屠杀和监视等手段，禁止国人评议朝政，国人“道路以目”，人人自危。公元前 841 年的一天，忍无可忍的国人发动了武装暴动。早就被惹怒的贵族们对这件事睁一只眼闭一只眼，周厉王被国人驱逐，奔于彘（今山西霍州东北）。

有确切纪年的开始

周厉王出逃以后，西周并没有陷入一片混乱之中，而是进入了共和行政时期。关于共和行政的来历，有两种说法。有人说是厉王被推翻后，国人拥护共伯和代行周天子的职务。也有另外一种观点认为国人暴动后，贵族们推举周公和召公共同代理政事。这一年是公元前 841 年，是中国现存史料中有确切纪年的开始，被称为共和元年。

▼ 国人暴动

宣王中兴

国人暴动标志着西周的繁荣盛世一去不复返了。14年后，周厉王在彘去世了，到死也没能回到都城。太子静在大臣们的辅佐下登上王位，他就是周宣王。宣王一上任就取消了厉王的专利政策，让利给百姓，还善纳良言，遇事总会和大臣们商议。对外方面，宣王重整军务，征伐周边时常来犯的戎、狄和淮夷，还派兵南征荆楚，提高了周王室的声威。由此，西周的国力有所恢复，诸侯们又重新朝见周王，史称“宣王中兴”。

▼ 亲善百姓的周宣王

短暂的回光返照

在宣王的治理下，西周的国力有所恢复，但并没有真正缓和社会上的各种矛盾。此时的西周如同一个垂暮的老人，满身伤病，命不久矣。到了晚年，宣王日益独断专行。他还违反西周的嫡长子继承制，强迫鲁国废长立幼，不仅使鲁国陷于混乱，还引起了众多诸侯的不满。此时的西周已经日薄西山，时刻面临着崩溃的危险。

周幽王作茧自缚

“宣王中兴”没能拯救病入膏肓的西周，西周依然呈现出江河日下的趋势。接下来，西周面临着怎样的命运？继位的周幽王又有哪些作为呢？

频繁的天灾

公元前 781 年，周宣王的儿子姬宫湦继位，是为周幽王。幽王继位后，国家动荡不安，关中一带还发生了强烈的地震，以至于“百川沸腾，山冢崒崩，高岸为谷，深谷为陵”。当时就有人认为西周要亡了。大地震过后，西周又发生了严重的旱灾，河流干涸，庄稼绝收，百姓饥寒交迫、流离失所。虽然天灾给西周造成了严重的影响，但并没有伤害到国家的根基，真正使西周亡国的是人祸。接下来我们就来说说周幽王的“光荣事迹”。

▲ 流离失所的百姓

▼ 荒淫无道的周幽王

周幽王即位

虽然发生了很多天灾，但如果周幽王能够积极救灾，关心百姓，恢复生产，倒也不是渡不过这个难关。但是周幽王荒淫又爱财，他非但没有力挽狂澜，救国家于危亡，反而重用佞臣，想方设法盘剥百姓，使已经十分严重的阶级矛盾进一步激化。此时，西周的国力消耗殆尽，已经处于崩溃的边缘。就在西周王朝摇摇欲坠之时，周幽王又上演了一出“烽火戏诸侯”，这也成为西周灭亡的导火索。

烽火戏诸侯

周幽王有一位宠妃叫褒姒，生得千娇百媚、艳如桃花，但是她不爱笑，自入宫以来就没有笑过。烽火台是西周为了防止犬戎的侵扰而在骊山一带修建的防御设施，守兵一旦发现敌情，就要立刻点燃烽火，通知附近的诸侯。昏庸的周幽王为博褒姒一笑，竟然下令点燃烽火。诸侯们看到烽烟四起，以为是犬戎进攻，急忙带着兵马赶来，但到了之后不见任何犬戎兵。褒姒看着被戏弄的诸侯们，不由得嫣然一笑。此后，诸侯们不再相信周幽王，即便看到烽烟也不会再率兵救驾了。

废长立幼

周幽王对褒姒的宠幸还不止如此，在褒姒生下儿子伯服后，周幽王竟然决定废长立幼，废了申后和太子宜臼，改立褒姒为后，立伯服为太子。大家听到这个消息都震惊了，申后的父亲申侯更是非常恼火，于是联合犬戎大举进攻西周都城镐京。周幽王急忙下令点燃烽火，但没有一个诸侯前来救驾。犬戎军队蜂拥而入，周幽王被杀于戏（今陕西临潼东）。至此，统治中国 270 多年的西周王朝灭亡。

根据近年整理出的清华简来看，烽火戏诸侯很可能只是一个虚构的故事。

烽火是古代军事通讯的手段。

▼ 烽火戏诸侯

礼崩乐坏的时代

昏庸无能的周幽王不但害了自己，也葬送了西周王朝。随后，东周建立，它表面上是西周王朝的延续，但已经不能和曾经强盛的西周同日而语。

诸侯护送平王东迁

犬戎退出镐京后，申、鲁等诸侯国拥立太子宜臼继位，他就是平王。由于镐京地处西部，经常被犬戎威胁，公元前770年，周平王在秦襄公、郑武公等诸侯的护送下东迁至洛邑（今河南洛阳），建立了东周王朝。我们把东周开始的这一年称为春秋时期的开端。周平王仅仅能够勉强维持残局，无力再恢复西周时期的强盛了。

王畿只剩下一隅之地

西周全盛时期，国土一度十分辽阔，西边的关中平原以镐京为中心，东边的河洛地带以洛邑为中心，东西连成一片，方圆千里。但平王东迁后，西都镐京的土地完全丧失，东周的王畿面积被大大压缩，还没有一些大诸侯国的国土面积大。然而，即便是这仅有的一点王畿也没能保全，它们有的被拿去赏赐给有功的诸侯，有的直接被诸侯侵夺，还有的被犬戎占据。最后，东周的王畿仅剩下今河南西北部的一隅之地，面积实在是小得可怜！

▼ 平王东迁

▲ 王室衰微，天子成为摆设

周王室逐渐走向衰微

在西周强盛时期，周王室设置了规模庞大的军队，那时诸侯国必须听从周天子的调遣。我们总说“枪杆子里出政权”，在战乱频仍的古代社会更是如此。这支庞大的军队就是周天子维持“礼乐征伐自天子出”的武力基础。但自从平王东迁以后，东周控制的土地和人口大大减少，王室根本无力维持如此庞大的军队，只能将其大量缩减。由于经济和军事实力的急剧削弱，周王室只能眼看着国家一步步走向衰落，再也无法挽救。

天子变成名义上的天子

由于郑武公在护送平王东迁时有功，周平王便封他为朝中的卿士。郑武公的儿子庄公继位后，郑国的实力已经十分强大。周平王害怕郑庄公日后操纵朝政，便想削弱他的实权。郑庄公知道后，马上赶到洛阳讨要说法。平王惹不起，再三赔礼道歉，但郑庄公还是不依不饶。没办法，平王只好答应让太子去郑国做人质，同时郑庄公的儿子也要来洛邑做人质，史称“周郑交质”。这说明周天子变成了名义上的天子，某些势力强盛的诸侯成为真正的统治者。一些大国为了争夺土地和人口，不断展开战争，形成了诸侯争霸的纷乱局面。

▼ 周天子向郑庄公赔礼道歉

神秘的甲骨文

我们每天都会跟汉字接触，方方正正的方块字就像是堂堂正正的中国人，代表了中华民族自强不息、团结友爱的民族精神。但你知道汉字最早可以追溯到什么时候吗？成熟的汉字又是在什么时候出现的呢？

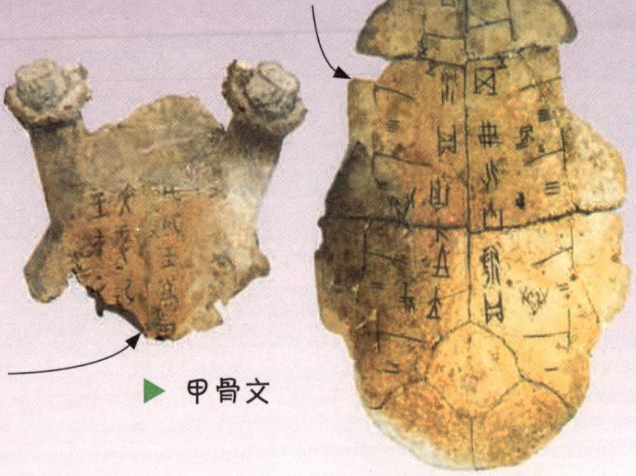

甲骨文是迄今发现的中国最早的成熟文字。

商人一般把文字刻在龟甲和牛的肩胛骨上。

▶ 甲骨文

甲骨上的文字

其实，早在商朝，我国就有了较为成熟的文字——甲骨文。说起来，甲骨文的发现还要感谢一位名为王懿荣的清朝官员。有一次，他生了很严重的病，医生开了药方，里面有一味药叫龙骨。王懿荣仔细观察了买回来的龙骨，发现上面有一些不同寻常的纹路。王懿荣学识渊博，精通古文，立刻意识到这不是普通的纹路。他马上派人把京城药房里带字的龙骨全部买了下来，然后潜心研究，最后发现这些龙骨是商朝专门用来占卜的甲骨，上面刻的是一种比较成熟的文字。由于这些文字都刻在龟甲和兽骨上，人们称它为甲骨文。多亏了王懿荣，不然这些珍贵的甲骨怕是早就被人们当药品吃光了！

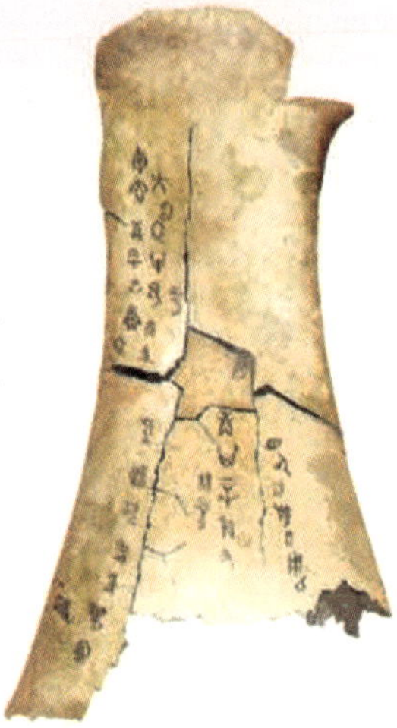

▼ 占卜吉凶的商朝人

商朝人会用甲骨进行占卜。

青铜器

迷信的商朝人

商朝人为什么要把文字刻在甲骨上呢？这些甲骨又是用来做什么的呢？原来，商朝人特别迷信，占卜之风盛行，不管是国家出兵征伐、祭祀、收成，还是王室贵族生病就医、外出打猎，都要先让负责占卜的官员进行占卜来测吉凶。占卜官会根据占卜的结果来判断吉凶，然后由专人将占卜的事情和结果都刻在甲骨上。最后，这些甲骨就被收藏在窖穴里。商朝灭亡后，殷都成为废墟，商朝也被掩藏在历史的尘埃之下。而随着甲骨文的发现，商朝和商朝的历史才重新被人们发现和认识。

▼ 甲骨文的内容涉及广泛

历史留下的宝贵财富

殷墟出土了很多甲骨，上面的卜辞主要记录和反映了商王的活动和商朝的政治经济情况，内容非常广泛，涉及商朝社会的各个领域。在那个时候，农业在国家中占有重要地位，因此甲骨文中有很多占卜农业收成的记录。此外还有狩猎、商业、思想文化等方面的材料。这些龟甲和兽骨上的文字是古人留给我们后人的宝贵财富，它不仅保存了几千年前商王朝的历史，也标志着我国有文字可考的历史从商朝开始，使中国文字的历史向前推进了一大步。

一种比较成熟的文字

甲骨文的发现震惊了当时的学术界，之后，研究甲骨文逐渐成为一门系统的学科。到现在为止，中国已经发掘出土了十几万片甲骨。通过研究我们发现，甲骨文已经形成一个比较完整的文字体系，其中大约有 4500 个单字，已经被解读的有 2000 字左右。甲骨文基本上是一种象形文字，如日、月、牛、羊等。而今天的汉字仍是以图符构成的象形文字。可见甲骨文已具备后代汉字的基本形式，是一种比较成熟的文字。

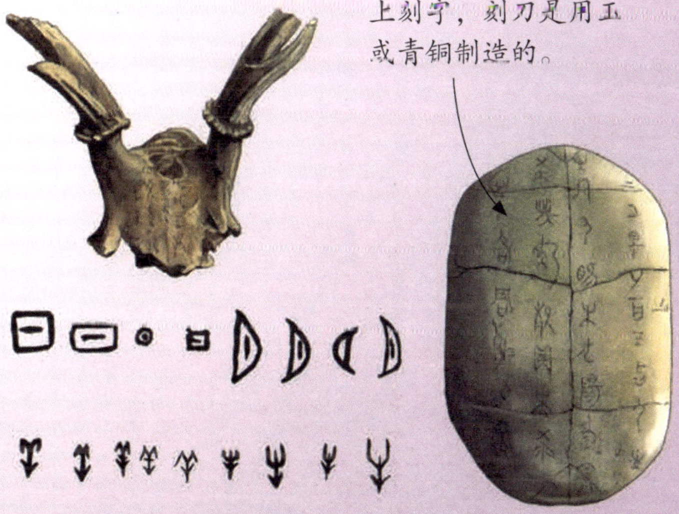

▲ 兽骨和龟甲上的文字

灿烂的青铜文明

在夏商周时期，虽然社会生产力水平和科学水平相对落后，但那时的劳动人民却创造了无与伦比、辉煌灿烂的青铜文明，这就是中国历史上的青铜时代。

夏朝的青铜器

在考古学上，青铜时代是以使用青铜器为标志的人类文化发展阶段。早在5000年前，两河流域的人已经开始制作青铜器，首先迈入了青铜文明。中国的青铜时代起源于夏朝，鼎盛于商周，到战国晚期逐渐衰落下去。夏朝时，青铜铸造技术已经初步成熟，出现了合范的制作方法和较先进的金属冶炼技术，但器物形制较为简单，胎质较薄，造型也不太规整，大多没有花纹。这一时期的青铜器主要有礼器和工具。

▼ 青铜器的锻造

青铜文明的巅峰

中国青铜文明在商朝逐渐发展到了巅峰，纹样设计和铸造技术都有了极大的进步。商朝的青铜器多以礼器为主，纹饰大多是饕餮纹，线条粗犷，纹样多变，既神秘又极具艺术感。商朝中后期出现了精美的龙纹和鸟纹，常在饕餮纹两侧，布局严谨，结构对称。统治者会在青铜器上刻铭文，使青铜器有了更高的史料价值。其中最具代表性的是出土于河南安阳的后母戊鼎，它是商王文丁为了纪念他的母亲戊而制作的礼器，造型厚重典雅，气势恢宏，纹饰华丽多样，显示出极高的铸造工艺。

新的发展阶段

商朝灭亡后，西周顺势而起，中国青铜文明进入新的发展阶段。西周时期的铸造温度有所上升，人工冶铁和铜铁合铸技术逐渐成熟。在纹样方面，虎纹、牛纹、蛟龙纹大量出现，并出现象纹、蝉纹等新纹样。为了巩固统治、维护上层建筑，西周统治者制定了严格的礼乐制度。因此，西周还出现了一些形制精美的青铜乐器，如编钟等。这不仅促进了礼乐制度的发展，也推动了手工业的进步。

▼ 利簋

▼ 何尊

青铜时代的没落

商周时期，只有王室才有青铜铸造权，诸侯和大臣不允许私下铸造。到了东周，周王室衰微，诸侯纷争不断，中国进入了一个礼崩乐坏的时代，大家都不管那么多了，谁想制造就可以自己制造。这一时期的青铜器以礼器、乐器和武器为主，制造水平有所提高，出现了更多新的工艺技术。战国晚期，铁器大量使用，中国逐渐迈入铁器时代，曾经辉煌灿烂的青铜时代就此走向没落。

▼ 铁器的制造

秦
秦

第三章

战争与变革

周平王东迁后，东周开始。这一时期周王室实力衰微，诸侯不再听从周天子的命令，周天子号令天下的时代一去不复返了。为了争夺土地和人口，实力雄厚的诸侯国展开了你死我活的争霸战争，历史进入一个十分动荡的时期。各个诸侯国积极进行改革，从而推动了社会的发展。文化方面，春秋战国时期的文化高度发达，出现了许多著名的思想家、政治家，形成了百家争鸣的文化高潮，这在我国历史上还是第一次出现呢！

春秋第一位霸主

东周分为春秋和战国两个时期，自公元前 770 年到公元前 476 年便是春秋时期。春秋初年群雄并起，谁能够第一个建立霸业，扛起春秋第一霸主的大旗呢？

▲ 管仲箭射公子小白

争抢国君宝座

齐国地处海滨，资源丰富，是东方的一个大国。齐襄公时期，齐国政局混乱。为了避祸，管仲和鲍叔牙分别带着公子纠和公子小白逃到鲁国和莒国。公元前 686 年，齐襄公被杀，流亡在外的两位齐国公子也收到了回国继位的消息。为了争抢国君宝座，公子纠派管仲去半路伏杀公子小白，但管仲的箭只射到了公子小白腰带上的带钩，没有伤其性命。公子小白抢先回到齐国，登上了国君宝座，他就是著名的齐桓公。

▼ 管仲改革

管仲被称为“华夏第一相”。

任用管仲改革

齐桓公继位之后，鲍叔牙向他推荐了一位很有才干的人——管仲。对，就是那个曾经射了他一箭的管仲。齐桓公也是个大度的人，他决定摒弃前嫌，重用管仲进行改革，在政治、经济和军事方面实行了一系列富国强兵的措施，建立了完整的管理体系，鼓励贸易，发展生产，实行军政合一、兵民合一的制度，使齐国很快强盛起来。

▲ 齐桓公四方征讨

“尊王攘夷”

齐桓公两次与中原诸国会盟，标志着诸侯已经承认了齐桓公的霸主地位。然而当时的世道并不安稳，北戎不断进犯中原，南方的楚国也日益强盛。在管仲的提议下，齐桓公打出“尊王攘夷”的口号，采取先北后南的战略开始征讨。齐桓公北伐山戎，又出兵击败狄人，从而在诸侯中树立了很高的威望，成为众多小国的“救世主”。

霸业的衰落

解除了北方的威胁之后，齐桓公将矛头瞄准了南方蠢蠢欲动的楚国。公元前 656 年，齐桓公联合鲁、宋、陈等八国组成联军南下，一举消灭楚国的“小弟”蔡国，并驻扎在楚国边境小城召陵（今河南郾城），暂时阻止了楚国北上的势头。随后，周王室发生内乱，齐桓公平定了内乱，扶持周襄王即位，风头一时无两。公元前 651 年，齐桓公在葵丘（今河南商丘）举行会盟，周天子也派人前来参加，齐桓公的霸业达到顶峰。但不久之后，年迈体衰的齐桓公去世，齐国内部为了争夺王位展开了激烈的内斗，齐国的霸业就此衰落。

▼ 葵丘会盟

晋文公称霸中原

齐桓公去世以后，齐国陷入一片混乱之中。齐国的公子昭跑到宋国避乱，请宋襄公为他做主。宋国只是一个二流小国，宋襄公有能力为他做主吗？谁又能成为继齐桓公之后的另一位霸主呢？

▲ 宋襄公的仁义之师

不自量力的宋襄公

宋襄公只是齐桓公的“小弟”，国力并不强大。公元前642年，宋襄公联合各国军队护送齐公子昭回国即位，是为齐孝公。此后宋襄公便不自量力，妄图接替齐桓公的霸业，他效法齐桓公，于公元前639年在盂（今河南睢县西北）举行会盟。兵强马壮的楚国根本不把宋国放在眼里，直接在会上俘虏了宋襄公，紧接着裹胁着宋襄公进攻宋的都城。宋襄公被释放回国后越想越生气，但楚国实力太强，他知道自己打不过，便把怒气撒到和楚国关系不错的郑国头上。

宋国的“仁义之战”

公元前638年，宋襄公不顾大臣们的反对，坚持出兵伐郑。楚国自然不会坐视不理，于是出兵攻宋。就这样，宋、楚两军在泓水一带（今河南柘城西北）相遇。整体实力上，楚国当然甩宋国好几条街，但宋军占据了有利地势，也不是没有胜算。在楚军渡河时，有大臣提出半渡而击，打楚军个措手不及，但宋襄公认为不能这么干，太不仁义了。当楚军开始布阵时，又有人提出趁机迅速出击，但宋襄公仍然不肯出兵。结果，楚军全部安顿好之后便铺天盖地地杀了过来。宋军势单力薄，哪里是楚军的对手，没几下就四散溃逃了。宋襄公也受了伤，狼狈逃回都城，不久含恨而死。

晋文公重耳继位

宋襄公为他的不自量力付出了生命的代价，而此时，真正的霸主正从迷雾中走来。公元前636年，在外流亡19年的公子重耳回到晋国继位，他就是历史上著名的晋文公。晋文公继位后，对内广招贤能之士，削弱公族权力，修明政治，重视生产；对外则尊崇王室，联络齐、秦，抑制楚国，晋国很快繁盛起来。公元前635年，周王室发生内乱，晋文公亲自领兵平定了这场内乱，从而在诸侯中树立了很高的威望。

▲ 重耳继位

▼ 城濮之战

以少胜多的城濮之战

在北方稳住阵脚后，晋文公便全力南下，和楚国争霸。楚国的“小弟”宋国叛变，投向了晋国的怀抱。楚国当然很生气，出兵攻打宋国。宋国赶紧向晋国求援，晋文公出兵救宋。公元前632年，晋楚两军展开对峙。晋文公下令“退避三舍”，兑现了当年对楚王的承诺。楚军以为晋军害怕，于是在后面紧追不舍。而晋文公则采取诱敌深入、各个击破的战术，最终以少胜多，取得了战争的胜利。这就是历史上著名的城濮之战。这年五月，意气风发的晋文公在郑国的践土（今河南原阳西南）大会诸侯，成为继齐桓公之后的又一位霸主。

楚庄王雄视北方

晋文公取得了霸主的地位，但好景不长，没过多久他就去世了，中原又陷入了一片混乱之中。谁能接任晋文公的霸主呢？败北的楚国还有机会吗？

▲ “不理政事”的楚庄王

楚庄王即位

践土之盟几年之后，晋文公就去世了，晋国的霸业也随之迅速衰落下去。几年后，年轻的楚庄王继位。当时的楚国，内部有贵族叛乱，外有百濮部落蠢蠢欲动。面对这样的局面，楚庄王表现出超乎年龄的冷静和果决。他在刚刚即位的三年里假装不理政事，任由那些奸佞小人作威作福，等到对楚国的内外局势有了通透的了解后，便开始实施自己的宏图霸业。首先，他率兵平定了贵族叛乱，征服了百濮部落；接着任用平民出身的孙叔敖为相进行改革，大力发展经济，充实国力，使楚国在很短的时间内强大起来。

▼ 楚王问鼎

问鼎周天子

实力大增的楚庄王决定再次北上争霸。公元前606年，楚庄王率兵讨伐陆浑之戎，陈兵在周天子的直辖区耀武扬威。他向周天子的使臣王孙满询问象征着王权的九鼎有多重，大有取而代之的意思。机智又勇敢的王孙满告诫楚庄王说：“要想诸侯臣服，在德不在鼎。”听了这话，年轻气盛的楚庄王意识到周王室虽然衰落，但天命仍在，于是便退兵回国了。虽然这次问鼎中原没有成功，但楚庄王已经有了霸主的气势。

楚庄王雄视北方

楚国要想称霸中原，首先要解决的就是郑、宋等国。楚国曾多次攻打郑国，使郑国困苦不堪。而此时的晋国君弱臣强，自己都顾不过来，也没空来管这位“小兄弟”的死活。公元前597年，楚国又把郑国围了起来。这次，晋国终于出兵了。晋、楚两军在邲（今河南荥阳北）展开交锋，但晋军的将领举棋不定，意见不一，而楚军上下一心，作战勇猛。结果晋军大败，晋国元气大伤。这之后，楚国驰骋中原，诸侯臣服，楚庄王终于如愿建立了霸业。

打累了，还是休战吧！

晋、楚两国的战争持续了多年，给人民带来了无穷无尽的灾难，双方也打得筋疲力尽，谁也没占到多大便宜。于是，这两个大国决定暂时休战。公元前546年，晋、楚、齐、秦、郑等14个国家在宋召开了盛大的弭兵之会。会议决定，晋和楚的附属国要同时向两个国家纳贡，尽同样的义务。虽说这对那些小国家来说不大公平，但这次弭兵之会为中原赢得了很长时间的和平，使饱受战乱之苦的百姓得到了喘息之机。

▼ 弭兵之会

吴国和越国的恩怨

弭兵之会后，中原地区的战争渐渐减少，晋楚争霸接近尾声。此时，南方两个崛起的国家又展开厮杀，成为春秋末年争霸战争的主角。

▼ 巫臣朝见吴王

吴国的崛起

相传，吴国是由周文王的伯父创建，都城设在吴（今江苏苏州）。公元前 584 年前后，楚国大臣巫臣逃到晋国，向晋王建议，联合吴国，牵制楚国。晋王欣然同意，并派巫臣出使吴国进行游说。当时的吴王寿梦很信任巫臣，让他训练吴军。很快，吴军便掌握了射御乘车和先进的战术，军事实力大增，开始不断进攻楚国。吴国战术灵活多变，常常声东击西，使楚国疲于奔命又无可奈何。但是楚国毕竟是当时一流的大国，吴国只能勉强骚扰一下楚国边境，还没有资格和楚国决战。

楚国连吃败仗

公元前 515 年，阖闾派人刺杀了吴王僚，夺取了吴国的王位。当时伍子胥、孙武等良臣先后逃到了吴国。吴王阖闾重用伍子胥进行政治军事改革，又任用孙武训练军队，使吴国的国力日益增强。公元前 506 年，吴国联合蔡、唐讨伐楚国。吴军主力挺进千里，与楚军相遇于柏举。楚军将领急于求成，一连吃了好几个败仗，连都城郢都也没有保住。本来形势一片大好，但此时吴国国内发生了一点小动乱，吴王阖闾的弟弟夫概暗地里自立为王。秦国也发兵支援楚国。阖闾考虑再三，决定还是放弃眼前的肥肉，先回国把王位夺回来再说。

▼ 巫臣训练吴军

越军一败涂地

公元前496年，越王勾践在位。吴王阖闾趁着越国新君初立，政局不稳，出兵攻打越国。勾践剑走偏锋，派了几百名刑徒来到阵前一起用剑自杀，把吴军看得目瞪口呆。趁吴军还没反应过来，越军一顿猛攻，最终将吴军击败，吴王阖闾也被击伤，回去就去世了。他的儿子夫差继位以后立志要为父报仇。在伍子胥的整治下，吴国很快从战败的阴影中走了出来。公元前494年前后，吴军和越军又在夫椒展开大战。吴军同仇敌忾，士气高昂，越军一败涂地，最后只剩下五千甲士被围困在会稽山。勾践派人向吴国求和，并以身为奴服侍吴王。随后，吴王北上争霸中原，而勾践在吴国卑躬屈膝，驾车养马，受尽屈辱。

勾践卧薪尝胆

在吴国度过了屈辱的三年之后，勾践终于被放了回去。回到越国后，勾践为了使自己牢记三年为奴的耻辱，在十年时间里一直居住在简陋的茅草屋里，早上起来就用舌头舔一舔苦胆，告诫自己不要忘记报仇雪恨。这就是“卧薪尝胆”的来历。经过十年的休养生息，越国国力终于有了起色，并且拥有了一支装备精良、训练有素的精锐部队。与此同时，吴王多次北上争霸，使吴国的国力逐渐消耗殆尽。公元前482年，夫差又率军北上，在黄池（今河南封丘）举行会盟。勾践趁机出兵攻打吴都。夫差见状赶紧率领主力回军自救。勾践看到吴军的主力尚存，决定暂时退兵。几年后，吴国发生灾荒，国内一片混乱，勾践再次进攻，消灭了吴军主力，随即包围了吴国都城。公元前473年，夫差自杀，吴国灭亡。

▶ 卧薪尝胆

战国七雄

春秋五霸渐渐离我们远去，历史进入更加激烈动荡的时期——战国时期。在这一时期，很多小国家都被吞并，最后涌现出七个强大的诸侯国。

▲ 诸侯与士大夫政权

“公家”与“私家”的争权

到了春秋末年，随着封建经济的发展，以士大夫为代表的新兴地主阶级逐渐出现并形成独立的政治集团。他们思想先进，主张革新，迫切想要从诸侯国君等奴隶主贵族那里获得一些政治权利。而那些奴隶主贵族主张维持旧秩序，不愿革新，自然不愿意把权力分给那些卿大夫。于是，以卿大夫为代表的“私家”和以诸侯国君为代表的“公家”之间展开了激烈的夺权斗争，其中以“田氏代齐”和“三家分晋”这两次事件最为典型，它们也是从春秋时代进入战国时代的标志。

▼ 战国七雄

三家分晋

晋国国力一直很雄厚，晋文公时曾称霸中原，风光一时。到了春秋末年，晋国的政权逐渐下移到卿大夫手中，掌权的主要有韩、赵、魏、智、范和中行六家。公元前 490 年，范氏和中行氏被赵氏打败。公元前 453 年，韩、赵、魏又联合起来打败了智氏，瓜分了智氏的土地，建立了三个封建政权。公元前 403 年，周天子正式承认韩、赵、魏三家为诸侯。

田氏代齐

齐国是西周时期功臣姜尚的封邑，齐桓公时曾称霸一时。春秋初年，陈国发生内乱，陈国公子完逃往齐国，被齐桓公任命为工正。其后很长一段时间里，田氏（古代“陈”“田”同音，通用）得到了齐国君主的宠幸和信任。齐景公时，公室腐败，百姓生活艰苦。田氏用大斗借给民众粮食，却用小斗收回，以此来收买人心。一时间，人心都倒向田氏。齐景公死后，田氏不断排除异己，拉拢民众，扩大自己的势力。公元前 386 年，周王正式承认田氏为齐侯，沿用齐国国号。从此，姜氏的齐国变成了田氏的齐国，这就是“田氏代齐”。

▲ 田氏拉拢民心

战国七雄新鲜出炉

经过春秋时期的兼并战争，战国初年只剩下 20 多个独立的国家存在，其中以韩、赵、魏、楚、燕、齐、秦七个国家最为强大，被后世称为“战国七雄”。燕、楚、秦三国早在春秋初期就已经存在：燕国地处北方，都城设在蓟（今北京西南）；楚国位于南方，都城设在郢（今湖北荆州）；秦国地处西陲，都城设在咸阳（今陕西咸阳东北）。韩、赵、魏从晋国分化而来，是统治集团内部斗争的结果。韩国都城设在郑（今河南新郑），魏国都城设在大梁（今河南开封），赵国都城设在邯郸（今河北邯郸）。而齐国位于东方，都城设在临淄（今山东淄博）。这七个国家成为战国时期的主角，给历史带来划时代的变革。

战国初年的变法图强

在战国时期，各国国君为了富国强兵，纷纷进行改革，废除旧政治。于是，社会上掀起了一股轰轰烈烈的变法浪潮。那么，是谁引领了时代的浪潮，首开变法之风呢？

▲ 李悝变法

魏国李悝变法

魏文侯即位后任用李悝进行变法。魏国人多地少，李悝经常督促农民多给田地除草施肥，但古时候种田完全是靠天吃饭，产量不好把控，于是李悝在全国推行“平籴”“平粜”，年成好的时候由官府按照平时的价格收购农民的余粮，等到年成差的时候再由官府按照平价卖给农民，以此来平衡粮食价格。此外，他还制定了中国第一部比较系统的封建成文法典——《法经》。李悝变法使魏国的经济迅速发展起来，也使魏国成为战国初期最强大的国家。

楚国吴起变法

楚国是战国初期领土最大的国家，但由于政治腐败、贵族争权，楚国的国力越来越衰弱。公元前382年，楚悼王任用卫国人吴起为令尹进行变法。吴起把一些旧贵族迁到比较荒凉的地方，同时下令精简官吏，削减官吏的俸禄，把节省下来的经费用来训练军队。通过一系列措施，楚国贵族势力得到削弱，国力迅速强盛起来。但是吴起的变法严重损害了旧贵族的利益，因此在楚悼王死后，那些贵族就乘机作乱杀死了吴起。变法仅持续了一年就宣告失败。

▼ 吴起在楚国宣扬变法

秦国商鞅变法

秦国地处西陲，历来都不太受中原国家的待见，有“诸侯卑秦”的说法。公元前361年，秦孝公即位，他决心改变这个现状。秦孝公慧眼识英雄，任用卫国人商鞅进行变法。从公元前356年开始，商鞅先后进行了两次变法：政治方面，实行军功爵制——按军功大小授予爵位，制定连坐法，轻罪重罚，推行县制；经济方面，重农抑商，奖励耕织，统一度量衡。在商鞅的治理下，秦国的面貌焕然一新。但商鞅变法同样触及贵族们的利益，因此秦孝公死后商鞅被诬告谋反，最终被车裂而死。商鞅虽死，但新法早已深入人心。秦国历代君主继续推行新法，秦国变得越来越强大。

▲ 商鞅变法

韩国申不害变法

就在秦国变法如火如荼的时候，韩国也没有闲着。公元前355年，韩昭侯任用申不害为相进行变法。申不害是法家的代表人物，他主张加强君主独裁，认为君主应学会用“术”，加强统治。通过这次改革，韩国国力大大增强，跻身战国七雄之列。

齐威王改过自新

齐国的变法从齐威王开始。齐威王即位初期整天不理政事，任由那些士大夫胡作非为，引起人民的强烈不满。在邹忌的劝说下，齐威王猛然醒悟，于是任用邹忌为相进行政治改革。他赏罚分明，严惩贪官污吏，同时广开言路，提倡进谏。齐国很快就强大起来，一度成为东方的霸主。

▼ 齐威王任用邹忌变法

齐国和魏国的对抗

战国初年最强盛的国家当属魏国，魏文侯任用李悝变法，使魏国国力迅速增强，从而称霸中原几十年。我们一起去看看魏国的兴衰起伏吧！

◀ 魏国征战四方

魏国独霸中原

魏国在公元前 4 世纪中叶独霸中原，可以说是一枝独秀。魏文侯和魏武侯时期，魏国四面出击，先是攻打秦国，又灭掉了中山国。随后，魏国又率领赵国和韩国向东打败齐军，接着又向南发展，攻取了楚国的大片土地。魏惠王时将国都迁到大梁（今河南开封），对内继续发展生产，对外团结赵、韩，魏国成为当时诸侯的领袖。但没过多久，魏国的强盛引起了赵国和韩国的猜忌，三国之间逐渐产生隔阂，彼此互相攻伐，魏国逐渐丧失了强国的地位。

▶ 孙膑为军师，围魏救赵

齐国围魏救赵

公元前 354 年，赵国进攻卫国，迫使卫国屈服。魏国知道后派大将庞涓出兵伐赵，包围了赵都邯郸（今河北邯郸）。第二年，赵国向齐国求救，齐威王任命田忌为大将，孙膑为军师，领军救赵。孙膑趁着魏国国内空虚，率兵直捣大梁，并在魏军回师的必经之地桂陵（今河南长垣西北）设下埋伏。此时，庞涓刚刚攻占了邯郸，士兵疲惫不堪，急需休整，突然大梁被围的消息传来，庞涓不得不放弃邯郸，昼夜兼程去解救大梁。途经桂陵时，魏军突然遭到袭击，惨败而归，庞涓被擒。

马陵之战

魏国虽然在桂陵之战惨败，但并没有损伤到根基，魏国的霸业仍在向前发展。公元前 344 年，魏惠王召集了逢泽之会。韩国曾经是魏国的坚强后盾，一直默默支持魏国，但韩国也害怕魏国独大，于是没有参加这次会盟，反而和齐国亲近起来。魏王知道后非常生气，于公元前 342 年大举进攻韩国。韩国向齐国求救，齐国再次派孙膑带兵攻打魏国。到了第二年，孙膑利用庞涓轻敌的弱点，用逐日减灶的方法使魏军产生错觉，让他们以为齐军在大量逃亡，引诱魏军追击。等魏军追到马陵的时候，齐军将他们团团包围，一时间万箭齐发，魏国又惨败而归，庞涓自杀，太子申也被齐国俘虏。

动荡复杂的战局

经过这两次惨败，魏国元气大伤。齐国经过齐威王改革，国力大振，两次重创魏国，成为东方的一大强国。西方的秦国经过商鞅变法，国力蒸蒸日上，军事实力也迅速增强。南方的楚国尽管变法并不彻底，但国土辽阔，人口众多，实力依然不容小觑。各大诸侯国的国君陆续称王，战国的局势变得更加动荡复杂。谁将在这混乱的战局中脱颖而出呢？

▼ 马陵之战，庞涓自杀

马陵之战也是中国古代战争史上的著名战役。

马陵一说在今河南范县西南。

各国的合纵连横

到了战国中后期，各个小国都被吞并，大国的领土开始接壤，各个国家之间的对抗更加激烈。面对复杂多变的局势，各国为了生存，纷纷展开外交攻势。

▲ 正在游说的张仪

朋友和敌人

战国时期，朋友和敌人的界限变得十分模糊，存活下去才是最终目的。为了生存，各国纷纷和其他国家建立统一战线，出现了“合纵连横”的外交活动。所谓“合纵”就是弱国联合起来抵抗一个强国，“连横”就是强国拉拢一些弱国进攻另外一些弱国。秦国国相张仪最早主张连横。

五国联合攻秦

公孙衍是是魏国人，他主张联合各国攻打秦国。面对张仪的连横政策，他忧心忡忡，担心魏国会逐渐被削弱。为了挽回时局，公孙衍发起合纵抗秦的活动，说服魏、赵、韩、燕、楚五国联合抗秦，楚怀王被推为纵长。这次出兵看上去来势汹汹，但因为各国利益交错，实际出兵的却只有韩、赵、魏三国。第二年，秦国在修鱼（今河南原阳西南）打败了三国联军，破坏了各国的合纵活动。

▼ 修鱼之战

楚国的没落

齐国为了对抗秦国，便和楚国结成联盟。两个大国强强联手，使秦国倍感压力。为了破坏齐楚联盟，张仪入楚游说。他向楚怀王承诺，只要楚国和齐国绝交，秦就把商於六百里的土地献给楚国。楚怀王听信，毅然和齐国绝交。但等楚国向秦国索要土地的时候，秦国却压根不承认这回事。恼羞成怒的楚怀王出兵攻打秦国，结果大败而归。回国后楚怀王还是不甘心，再次召集全国军队攻打秦国，再次惨败。从此，楚国四面受敌，走向没落。

胡服骑射

就在秦齐激烈对抗的时候，赵国得到一个宝贵的发展机会。赵武灵王向北方善于骑射的游牧民族学习，在公元前 307 年进行了胡服骑射的改革，建立了强大的骑兵部队。秦国为了打击赵国，又想和齐国联合起来。公元前 288 年，秦昭王约齐湣王同时称帝，联合攻赵。但纵横家苏秦劝说齐湣王放弃帝号，孤立秦国，并合纵各国反秦。齐湣王听从了苏秦的建议，会合燕、韩、魏、赵攻打秦国，使秦昭王不得不放弃帝号，并将占领的土地归还给赵国和魏国。

▲ 乐毅占领临淄

统一中国的曙光

在战国七雄的战争中，弱者不断被淘汰，而活下来的强者之间，竞争则更加激烈。西方的秦国因为变法而起家，经过几代君主的苦心经营而不断强大，成为战国后期最富强的国家。

乐毅占领齐国

燕昭王即位以后，立志要振兴燕国，报齐国武装干涉之仇。他改革政治，招揽人才，发展生产，经过多年的努力，终于使国家殷实起来。公元前 286 年，齐国吞并了富饶的宋国，引起其他各国的恐惧和不安。燕国见时机成熟，便联合各国一起攻齐。公元前 284 年，燕昭王任命乐毅为上将军，会同赵、韩、魏、秦等国联军大举伐齐。齐湣王率领主力应战，结果被打败，仓皇逃回临淄。接着，乐毅率领燕军长驱直入，攻下了齐都临淄。

▼ 长平之战

齐国复国

田单复国

乐毅是一个很有智慧的将领，他没有大肆屠杀当地百姓，而是对攻占区的百姓实行减轻税负、废除苛政的政策，尊重当地风俗习惯，试图从根本上瓦解齐国。公元前 279 年，燕昭王去世，燕惠王继位。燕惠王不信任乐毅，齐国便趁机诬陷乐毅要自立为王，燕惠王便任命骑劫领兵伐之，乐毅被迫逃亡。齐将田单趁机夜袭燕军，杀死骑劫，很快就收回了齐国的领土。但是经过这样一次浩劫，齐国的国力大不如从前，从此一蹶不振。齐、秦东西对峙的局面被彻底打破。

最后一道防线

齐、楚两个大国衰落之后，东方六国中勉强能和秦国抗衡的只剩下赵国了。公元前 262 年，秦昭王派大将白起攻打韩国，占领了野王城（今河南沁阳），隔绝了上党郡和韩国的联系。韩国想献出上党向秦国求和，但上党郡守不愿意投降秦国，欲借赵军抗秦，便私自把 17 城献给了赵。赵国派出老将廉颇屯兵长平，秦也派出白起应战。秦军远离国土，一直想速战速决，因此一上来就展开猛攻。廉颇在首战失利后决定采取以逸待劳的战术，避免和秦军作战，想靠时间拖垮秦军。

秦赵长平之战

秦军远道而来，经不起持久战的消耗，渐渐有些支撑不住。为了速战速决，秦军使用反间计，宣扬廉颇年老昏聩、不足为惧，真正使秦军害怕的是名将赵奢之子赵括。赵王本来就对廉颇不满，听了这话后便撤回廉颇，任用赵括为将。赵括年轻气盛，只会纸上谈兵。他一到长平就改变了廉颇的部署，召集主力部队与秦军展开决战。白起利用赵括缺乏实战经验和骄傲轻敌的弱点，先佯装败退，把赵军引诱到秦军的营垒附近，然后派军队切断了赵军的退路，将赵军团团围住。最终，赵括被秦军射死，四十多万赵军全部投降。此战之后，谁也无法阻挡秦国挺进中原、统一中国的步伐了！

秦王扫六合

长期的兼并战争给社会经济造成了严重的破坏，人民长期经受着战争带来的苦难。经过长期的战乱与纷争，统一已经是历史发展的必然趋势。于是，秦国在刀光剑影中登上了历史的舞台。

商鞅变法

秦国立国较晚，本是诸侯国中弱小的偏远之国。春秋战国时期，各国纷纷实行变法，秦国被率先完成变法的魏国夺走河西之地，于是痛定思痛，秦孝公任用商鞅开始变法。商鞅变法在政治上废除分封制推行县制，以县为基本单位进行管理；经济上重农抑商，扶持小农经济；军事上奖励军功，提高军功地主地位，大大提高了秦军的积极性，增强了军事实力。商鞅变法是一次较为彻底的变法，提高了秦国的综合实力，为秦一统天下创造了极为有利的条件。

合纵连横战略

所谓“合纵连横”，是著名的军事战略，由“合纵”战略和“连横”战略组成。苏秦给秦国提建议未被采纳，于是转过头来就报复秦国，游说六国联合起来对付秦国。秦国在西方，而其他各国则可以南北相连围堵秦国，所以被称为“合纵”战略。为了对付六国的合纵之势，破解“合纵”战略，张仪向秦惠王提出了“连横”战略，即分化各国，使各国都与秦国建立关系。这样的挑拨离间使六国互相猜疑，无法形成凝聚力，秦国因此得以躲避六国的合纵围攻，并将六国各个击破。

▼ 商鞅变法

▼ 王翦灭赵

▲ 范雎远交近攻

远交近攻战略

“远交近攻”是战国时期范雎向秦王提出的著名的外交策略，即联络较远的国家，进攻临近的国家。远交的对象是楚国和齐国，进攻的目标则是魏国与韩国。范雎的远交近攻战略通过向临近国家打出“大棒”和向较远国家递出“橄榄枝”，实现了六国的统一。

秦统一六国

三晋中韩国实力最弱，所以韩国成为秦国统一六国征程中的首个兼并对象。公元前230年，秦国派内史腾攻取韩国，韩国灭亡。公元前228年，秦国大将王翦用时一年大破赵军，赵名存实亡。此时的燕国感到非常恐慌，于是派荆轲刺杀秦王，然而刺杀失败，秦王震怒。公元前226年，秦军夺取了燕国首都。随后公元前225年，王贲引黄河、鸿沟之水，决水灌魏都大梁，魏亡。公元前224年，王翦率60万大军大破楚军，诛杀楚国大将项燕，次年俘获楚王，楚国灭亡。公元前222年，王贲继续扫除燕、赵的残余势力。次年，王贲率兵长驱直入齐国首都临淄，齐灭亡。

▶ 荆轲刺秦

科技的光辉

随着社会生产力的发展，春秋战国时期的科学技术也有了显著的提高。我们的祖先不但善于研究，更善于总结，从而取得了许多科技成就。这些发明成就不仅在当时领先于世界，有些直到现在依然发挥着重要作用。

早期的天文历法

早在春秋时期，我们的祖先已经观测到哈雷彗星，并对其做了详细记录，这是世界上最早的关于哈雷彗星的记载。到了战国时期，我国的历法更加完备，还确立了节气的概念，以便于人们安排生产和生活。在不断积累和探索的基础上，战国时期还出现了很多天文学专著。其中最著名的是石申所著的《石氏星经》，书中记录了水、木、金、火、土五大行星的运行情况和出没规律，还测定了 121 颗恒星的方位，记录了 800 多颗恒星的名字，比欧洲测编的第一个恒星表早了几百年。

▼ 春秋战国时期科学家对宇宙的观测

▲ 能工巧匠——鲁班

建筑界的祖师爷

公输班是春秋战国之际的发明家，因为他是鲁国人，所以我们也称他为“鲁班”。据说，鲁班不仅能建造宫室楼台，还制造了攻城的云梯，发明了现代工匠使用的墨斗、锯子、刨子、钻子、曲尺等，为木工工具的改进和发明做出重要贡献。鲁班不但勤于发明创造，还把自己的发明和技术毫无保留地传了下去，对后世建筑的发展影响巨大，因此鲁班一直被木工、石工等手工艺人奉为祖师爷。

医生的来历

大约到春秋中后期，医学与巫术开始分离，专职医生出现。在这一时期涌现了很多名医，其中最知名的便是扁鹊。扁鹊长期在民间行医，积累了丰富的诊断经验。他总结出的望、闻、问、切“四种诊法”，一直到今天还在使用。扁鹊的医术代表了春秋战国时期医学的最高水平，推动医学逐渐发展成熟。

▲ 望闻问切的扁鹊

▲ 司南

司南的发明

到了战国末年，人们在生产实践中发现磁石具有指极性。于是，人们为了方便外出，便利用磁石的这个特性制造出一种帮助辨别方向的仪器，名字叫作“司南”。一些资料记载，司南的样子和现在的汤匙很像，司盘是一个刻有方位的盘子。在辨别方向的时候，只要轻轻转动一下长柄，它停下来的时候长柄总是指向南方的。这是指南针的前身，也是世界上最早的指南仪器，代表了当时最高的科学水平。

▲ 孔子编订《诗》

文学与音乐

春秋战国时期，不仅科技成就耀眼夺目，在文学和艺术方面的成果也非常丰富。我们一起去了解一下吧！

鲁国编《春秋》

《春秋》记载了从公元前 722 年到公元前 481 年的鲁国历史，是中国现存先秦典籍中年代最早的编年体史书。书中还有一些日食的记录，根据现代科学的考证，大多数是准确的。因此，《春秋》具有非常重要的史料价值，我们不但能够从中了解到春秋时期的历史事件，还可以确定早在西周时期已经出现了较为完备的史官记事制度，为后来诸子百家竞相著书立说奠定了基础。

中国第一部诗歌总集

《诗经》是我国最早的诗歌总集，相传是孔子所编，收集了从西周初年到春秋时期的诗歌，共有 305 篇。《诗经》最初都是乐歌，根据音乐的不同可以分为“风”“雅”“颂”三类。“风”指的是各个诸侯国的地方音乐，共有 160 篇，其中大部分是民歌。“雅”指的是西周京畿地区的正声音乐，分为“大雅”和“小雅”，其中“大雅”31 篇，“小雅”74 篇，反映了当时的社会发展进程和农业生产情况。“颂”是宗庙祭祀的乐歌，共 40 篇，主要是奴隶主贵族歌颂祖先丰功伟绩，思想和内容比较僵化。在这三类作品中，最富文学和艺术价值的是“风”。它广泛而真实地反映了底层劳动人民生活、生产和斗争的真实情况，形式流畅，语言明快，再现了当时的社会面貌，从而开创了中国诗歌的写实传统。

屈原和楚辞的故事

楚辞是由楚国人屈原创造的一种诗体。屈原是楚国的贵族，品德高尚，又有才干，因此深受楚怀王的信任。但他同时也遭到一些人的嫉妒和陷害，后来受到诬陷被楚王放逐。他看到楚国的腐败政治，内心十分悲愤，于是写下《离骚》。诗中运用了大量的古代神话和传说，通过丰富的想象，表达了自己忧国忧民的赤子之心，感情十分强烈。后来秦军攻陷楚国都城，屈原眼看国破家亡，心灰意冷，自沉汨罗江，以死殉国。

曾侯乙编钟

春秋战国时期，音乐也有了极大发展。曾侯乙编钟是春秋时期楚惠王送给曾侯乙的礼物，共有65件，分为三层悬挂在曲尺形状的钟架上。这套编钟是迄今为止已知的规模最庞大的编钟。它音色优美，音域宽广，音列充实，音律较准，每个钟上都刻有音名，并且能够旋宫转调。曾侯乙编钟是春秋战国时期音乐艺术和青铜铸造工艺的完美结合，代表了当时最高的音乐水平，是中国音乐史上的经典之作。

春秋战国时期的乐器——编钟

孔子开坛授课

异彩纷呈的学派

春秋战国时代，社会处于大动荡大变革时期，社会思想也极为开放，产生了各种思想流派。各个流派异彩纷呈，人才辈出，不仅推动了当时社会的发展，也为中国传统文化奠定了基础。

孔子的人生经历

孔子是鲁国人，生活在春秋晚期。在孔子三岁时，他的父亲就病逝了，从此家道中落，母亲只好带他回娘家生活。孔子长到十六七岁，母亲也去世了。面对如此坎坷困苦的命运，孔子并没有抱怨，他一面谋生，一面刻苦学习，很快就在当时的社会上获得了很高的声誉。他当过仓库管理员，也当过放牛郎。中年之后，孔子进入仕途，做过鲁国的中都宰，后来不断升迁，一直做到司寇等职位。后来，由于和鲁国的君臣政见不合，他离开鲁国，开始周游列国，宣传自己的学说和思想。

孔子的思想

孔子生活在春秋晚期，对礼崩乐坏的社会现状十分看不惯。在他看来，西周的政治才是最好的，因此他希望用法先王、行德治的方法，使动荡的社会恢复正常，减轻老百姓的苦难。但很遗憾，没有一个国君愿意采用他的政治主张。孔子还是一位非常优秀的老师。他晚年回到鲁国主要从事讲学，培养了很多学生。他提出的“因材施教”“有教无类”等教学思想放在现在看也一点儿都不过时。

孔子周游列国

▲ 道家创始人——老子

老子和道家

老子，姓李名耳，楚国人，是道家学派的创始人。他和孔子大约生活在同一时期，曾经为周王室掌管图书典籍。相传孔子曾经向他请教过“礼”，他给孔子讲了很多深奥的道理，深受孔子的敬佩。老子一生修行道德，晚年写下经典巨著《道德经》。这本书不过 5000 多字，却蕴含着极为深刻的道理，集中体现了老子的哲学思想。“道”是老子哲学理想的核心，他认为“道生一，一生二，二生三，三生万物”，道可以生出万物世界。以道为基础，老子又提出了他的朴素辩证法思想。在政治上，老子主张“无为而治”“不言之教”。

孙武和兵家

孙武是齐国人，生活在春秋晚期，是兵家的代表人物。孙武是一位非常杰出的军事家，他向吴王阖闾呈上自己写的兵法十三篇，吴王看完之后便任命他为将领，对他非常信任。在孙武的训练下，吴国军队实力迅速提升，一时威震四方。通过对战争实践的总结，孙武写出了军事巨著《孙子兵法》。在书中，孙武提出了一整套克敌制胜的战略战术，其中“知己知彼，百战不殆”等军事思想一直到今天还在广泛流传。

▼ 兵家代表人物——孙武

百家争鸣

战国时期，各个流派的继承人谁也不服谁，他们纷纷著书立说，一时间，学术界出现了“百家争鸣”的局面。下面就是他们的一次辩论会，我们一起去听一听！

墨家代表人物——墨子

大家好。我是墨翟，常年住在鲁国。我是农民出身，擅长制作器械，是一个技术还不错的木工，墨家学派就是我创立的！我的弟子大多来自底层，同我一样出身贫苦。我觉得现在各国之间的兼并战争真是傻到家了，没事打来打去干吗？大家互相爱护，一起安居乐业多好！还有，那些统治者一个比一个奢侈浪费，实在是不应该！所以，我主张“兼爱”“非攻”“节用”“节葬”等。

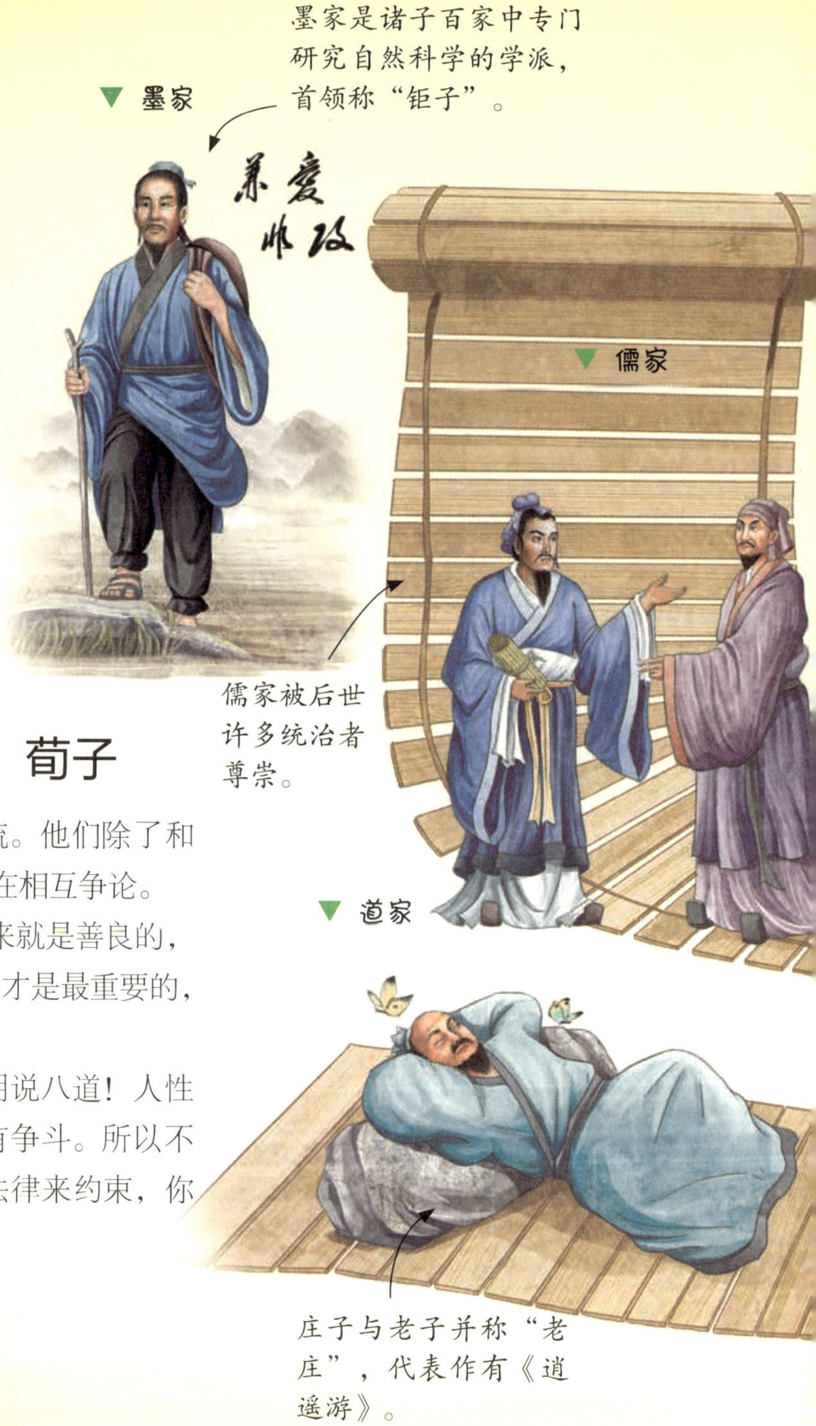

儒家代表人物——孟子、荀子

孔子死后，儒家学派分成了八个支流。他们除了和其他学派进行辩论，内部各个派别之间也在相互争论。

孟子说：“我是孟轲。我认为人生下来就是善良的，所以统治者应当推行仁政。在社会上，百姓才是最重要的，社稷排第二，君主是最轻的。”

荀子马上开始反驳：“你这完全是胡说八道！人性本恶，人生下来就有欲望，有欲望就会有争斗。所以不能光靠礼法来维持社会秩序，还需要靠法律来约束，你那一套根本就行不通！”

道家代表人物——庄子

我是庄周。我继承了老子的思想，并且还有一些创新。我是一个向往绝对精神自由的人，最看不起那些所谓的权贵。这个世界本来就是痛苦可怕的，什么仁义之辩、利害之争，全都是白费功夫！不说了，我要去梦蝴蝶了！

阴阳家代表人物——邹衍

我叫邹衍，是阴阳学派的创始人。我们这个学派比较神秘，专讲阴阳五行——金、木、水、火、土。其实，我们身边的一些现象都可以用阴阳五行来解释，包括朝代的更替。在我看来，任何一个朝代都不是永恒的。

法家代表人物——韩非子

我觉得儒家过于守旧，不懂得随着时代潮流发展而变更。当下就是要以“法”为中心建立起中央集权的君主专制制度。我同意老师荀子“性恶论”的观点，百姓怎么可能会心甘情愿地供统治者管束？必须用法来规范他们才行。这就是我的立场，谢谢大家！

名家代表人物——公孙龙

我叫公孙龙，是名家，也就是辩者的代表人物。大家都说我能言善辩，我也这样觉得。我们学派主张辨别名实关系，名必须符实才行。不过我在辩论的时候就顾不上那么多了，经常玩一些概念游戏。比如我在《白马论》中就提出了“白马非马”的著名命题。

兵家代表人物——孙膑

大家好，我叫孙膑，是著名军事家孙武的后代，相信你们一定听说过我两次大败魏军的光辉战绩。在我看来，只要军队部署得当，则弱可胜强，寡可敌众。当然，我的成就离不开对《孙子兵法》的继承和发扬。

杂家代表人物——吕不韦

“我觉得大家说的都有道理，所以我就不和大家争辩了。我还是去编一本集百家之长的合集吧，就这样决定了！”

于是，《吕氏春秋》诞生了，吕不韦也成为杂家的代表人物……

大家畅所欲言，各执一词，谁也没办法说服谁。但春秋战国时期的百家争鸣极大推动了学术的发展和社会思想的进步，对后世有深远影响。

A BRIEF HISTORY OF CHINA FOR CHILDREN

中国简史

少年简读版 ②

毛瑞方◉主　编

青岛出版集团 | 青岛出版社

图书在版编目（CIP）数据

中国简史：少年简读版 . 2 / 毛瑞方主编 . — 青岛：青岛出版社，2024.1
ISBN 978-7-5736-1754-5

Ⅰ . ①中… Ⅱ . ①毛… Ⅲ . ①中国历史—少年读物 Ⅳ . ① K209

中国国家版本馆 CIP 数据核字 (2023) 第 226712 号

ZHONGGUO JIANSHI （SHAONIAN JIANDU BAN）

书　　名	**中国简史**（少年简读版）
主　　编	毛瑞方
出版发行	青岛出版社（青岛市崂山区海尔路 182 号）
本社网址	http://www.qdpub.com
责任编辑	李康康
助理编辑	张　鑫
封面设计	刘　帅
排　　版	青岛艺鑫制版印刷有限公司
印　　刷	青岛新华印刷有限公司
出版日期	2024 年 1 月第 1 版　2024 年 1 月第 1 次印刷
开　　本	16 开（889mm×1194mm）
印　　张	20
字　　数	400 千
书　　号	ISBN 978-7-5736-1754-5
定　　价	136.00（全四册）

编校印装质量、盗版监督服务电话　4006532017　0532-68068050

前言

PREFACE

历史，是一本有趣的百科全书。每个时期，人们都会不约而同地把自己所经历的事情记录下来，即便是在茹毛饮血的原始时代，也有刻画在墙上或石器上的生活场景，他们以此证明着自己的存在。

但我们所知道的历史，并不完全是它本来的样子，我们也无法通过某一本史书洞悉几千年历史发展的来龙去脉。尽管如此，历史的意义仍然不容小觑。“以史为镜，可以知兴废”，历史中有跌宕起伏的故事，有薪火相传的文明，有世事变迁的规律，有带领人们向前发展的力量。

大约 170 万年前，早期人类就生活在中华大地上了，中华文明就此悄然萌芽。经过漫长的积淀，五千年前，文明之火在这片东方大陆上点燃。从君主制的建立到青铜器的发明，从分裂割据到王朝统一，从鼎盛到低谷、从没落到崛起，中华民族在历史的滚滚洪流中不屈不挠、不断向前，缔造了群星闪耀、光辉灿烂的历史天空。

撷取中国历史的重要里程，我们编写了《写给孩子的中国简史》，从史前时代讲到夏商西周，从春秋战国说到秦皇汉武，三国、两晋、南北朝、隋、唐、五代十国、宋、元、明、清……朝代更迭不断，中华文明绵延千年。我们将波澜壮阔的历史用简洁而详实的文字叙述，用精美而多彩的画作描绘，希望小读者能大致掌握中国历史的面貌，探寻历史演进的规律。

目录

CONTRNTS

第三章
乱世风云

第一章

大秦帝国

公元前 221 年，秦王扫六合，完成了统一中国的梦想，结束了战国以来四分五裂的局面，建立了中国历史上第一个大一统的王朝。秦朝为了维护自己的统治，在中央设立三公九卿制，在地方推行郡县制，统一文字、度量衡与货币，广修驰道，修筑举世闻名的万里长城……可以说，秦朝在政治、经济、文化、科技等各个领域都取得了不俗的成就。秦始皇当然希望自己的王朝可以千秋万代。然而，如此的强秦却仅仅经历了两代就结束了。为什么秦朝成为历史上最短命的王朝之一？为什么百姓纷纷揭竿而起反抗强秦统治？

天下大一统

秦王嬴政完成了兼并统一的战争，也从此揭开了中国历史的崭新一页。秦王嬴政自认为自己功劳盖过三皇五帝，故自称为“始皇帝”。接下来，秦始皇便开始一系列的制度改革了。

始皇帝

秦代以前，中国最高统治者都称为“王”。战国时期，王室衰落，群雄纷起，称“王”称“帝”成为当时的潮流。秦王嬴政统一六国后，自称“皇帝”，那么为什么又叫作“始皇帝”呢？因为他虽已是“皇帝”，但还梦想着自己的皇位可以世世代代传承下去。

▶ 秦始皇嬴政

▼ 三公九卿

三公九卿制

秦始皇统一六国后，为了维护自己的统治和加强中央集权，便建立了三公九卿制。皇帝在统治结构的金字塔顶端，中央则设立三公和九卿。三公包括丞相、太尉和御史大夫。丞相是三公之首，主要辅佐皇帝处理政务；太尉是武官之首，但后来逐渐成为虚职；御史大夫负责执掌奏章，向下传达皇帝的诏令，并负责监察百官。三公之下分设诸卿，主要分掌着各种具体行政事务。

实行郡县制

秦朝建立之初，秦始皇与大臣们商议应该建立什么样的地方行政机构。丞相王绾认为秦朝应依照西周分封制，设诸侯王，李斯则主张实行郡县制，他认为随着时间流逝，诸侯之间的亲属关系必然疏远，甚至成为仇敌，最后一定会危及统治。最后，秦始皇采纳了李斯的建议，下令实行郡县制。天下被分成36郡。每个郡设置郡守、郡尉、郡监，分管行政、军事和监察。郡下设县，县下设乡，乡下有里。这样，以郡、县、乡、里为主的遍布全国的地方权力网络逐渐形成，大大削弱了地方独立性，维护了国家的统一。

▼ 郡县和分封之争

▼ 书同文

中国文字的统一

战国时期，七雄争霸，每个国家都有自己的文字特色。秦始皇统一中国以后，丞相李斯便向秦始皇上奏，以秦国的文字为基础，对全国的文字进行统一。他建议对大篆进行简化改进，形成了后来的小篆。小篆的出现使中国的文字轮廓、笔画、结构等开始逐渐定型，文字的象形意义逐渐消弱，更具符号化，书写的困难程度也在逐渐减弱。

秦始皇暴政

秦朝后期，秦始皇大修宫殿、陵墓，劳民伤财，给人民造成了的苦难，加速了秦朝的灭亡。

孟姜女哭长城

传说，范喜良和孟姜女是一对新婚夫妇，然而新婚之日范喜良被强征过去修长城，最后在沉重的劳役中离世。孟姜女跋山涉水到长城去找自己的丈夫，到了之后却听闻自己的丈夫已经死去，悲痛地在城下痛哭了三天三夜，最后这段长城被哭塌了，露出了丈夫的尸骨。孟姜女把丈夫的尸骨安葬好后，自己投海自尽。这个故事反映了秦朝劳动人民对统治者暴政的控诉和抗议。

▼ 秦征徭役，修建长城

严峻的刑法

秦朝自商鞅变法以来，就以严密的法律制度闻名天下。秦始皇统一天下后，为了维护封建统治，以“事皆决于法”的思想为本，将一直以来的律法进行补充完善，形成了更为缜密的《秦律》并颁行全国。秦朝的法律制度非常严酷，提倡轻罪重罚，还有残酷的诛族、连坐法，一人犯法，罪及三族；一家犯法，邻里连坐。秦始皇的残暴统治使社会矛盾愈演愈烈，这也成为秦朝灭亡的一个重要原因。

▼ 秦朝的严刑峻法

焚书坑儒

当时的一些儒生借用儒家经典批评时政，这引起了秦始皇的不满。丞相李斯向秦始皇建议禁止老百姓利用私学诽谤当今朝廷。于是，公元前 213 年，秦始皇下令焚烧《秦记》以外的其他列国史书，以及其他百家法典，除国家专门官员外，敢有私藏或讨论《诗》《书》以及其他百家经典的，皆是死罪。另外，他还禁止私学，想学法令的人可以向官吏请教，秦始皇的焚书命令并未涉及医学、农业生产等技术类书籍。

秦始皇后期迷信方士，寻仙问药，以求长生不死之道。公元前 212 年，方士卢生、侯生携用于求仙的巨款出逃，此举彻底惹怒了秦始皇，在都城大肆捕捉方士，坑杀四百六十多人其中乏一些儒家的学生。这便是“坑儒”的由来。

▲ 焚书

▼ 坑儒

秦末农民起义

秦始皇的暴政让人民生活在水深火热之中，国内民怨沸腾。量变引起质变，百姓们忍无可忍，大规模的农民起义终于爆发了！

◀ 陈胜、吴广大泽乡起义

陈胜、吴广起义

公元前 209 年，秦二世下令征发淮河流域的九百余名贫苦百姓去戍守渔阳，陈胜、吴广为屯长。行至大泽乡时，队伍被大雨所阻，不能如期到达，按《秦律》斩首。在生死存亡的危急关头，陈胜、吴广将戍边百姓组织起来，揭竿而起，提出了“大楚兴，陈胜王”的口号。一支农民起义军就此诞生了。陈胜、吴广起义是中国历史上第一次大规模的农民起义，鼓舞了其他劳动人民起来反抗残暴统治。

刘邦起义

刘邦早年是沛县泗水亭长，他奉命押送徭役去骊山给秦始皇修陵墓。但是，很多劳工趁他不注意偷偷溜走了，于是行至丰西泽时，刘邦饮酒大醉，他想，即使到了骊山也会按照法律斩首，干脆把这些剩余的徭役都放了吧。但是，有十几个徭役看刘邦如此豪爽，决定和他一起闯江湖。

▼ 刘邦起义

项梁起兵

陈胜、吴广起义后，天下义军纷起，秦亡已成必然。项梁乃将门之后，其父是原来的楚国大将项燕。公元前 209 年，项梁命项羽杀死会稽郡守殷通，夺取了印绶，率领八千名吴中精兵起兵反秦。在陈胜败亡之后，项梁重新举起反秦大旗，拥立楚怀王，顺从民望。项梁率军大败秦将章邯，后来却渐渐被胜利冲昏了头脑，骄傲怠惰起来。骄兵必败，项梁最终败于秦军之手，战死于定陶。

破釜沉舟的巨鹿之战

公元前 208 年，秦军攻赵，包围巨鹿。赵王歇只得派使者向楚怀王求助，项羽率兵五万以解巨鹿之围。项羽先派部将黥布和蒲将军率领两万楚军为先锋，渡河以断秦军粮道。然后，他又亲率全军渡河，并在全军渡过漳河以后下令凿沉船只、击破做饭用的锅，每人只带三天的粮食，以表示决一死战的决心。项羽大败秦军，此后秦朝的主力基本上被消灭。与此同时，刘邦奉命西入咸阳，由于秦军主力在北面和项羽决战，所以刘邦一路势如破竹。公元前 207 年，秦王子婴出城向刘邦投降，秦朝灭亡。

▼ 破釜沉舟

项羽率领军队渡河之后，击沉船只，砸破锅具。

秦朝文化奇观

秦朝虽然仅仅经历了秦始皇和秦二世两代，却有着不少的文化奇观。这些文化奇观充分展现了两千多年前我国劳动人民的智慧与才能，是中华民族的宝贵财富。

雄伟壮观的秦长城

战国时期，秦、赵、燕三国经常受到匈奴等游牧民族的侵扰，于是他们各自修筑长城来抵御游牧民族的侵扰。蒙恬收复原来被匈奴占领的土地以后，又率领大批士卒在秦、燕、赵三国的旧长城基础上进行修葺、增补，同时还建造了许多新的城墙，连接在一起，形成了屹立于北方的新长城。秦长城西起临洮，东至辽东，绵延 5000 余千米，是抵御外敌的重要屏障。长城极为雄伟壮观。

▼ 长城

规模宏大的秦始皇陵

秦始皇陵始建于公元前 247 年，至公元前 208 年修筑完成，历时三十九年。秦始皇陵是中国历史上第一座规模宏大、设计完善的帝王陵寝，也是世界规模最大、结构最为奇特的帝王陵墓之一，它由内、外两层夯土城垣组成，象征着咸阳的皇城与宫城。陵冢位于内城的南部，高约 51 米，底边周长 1700 余米。秦始皇陵周围分布着大量的陪葬坑和墓葬，现已探明的有 400 多个，其中就包括举世闻名的兵马俑坑。

▲ 兵马俑

开凿灵渠

秦始皇吞并六国以后，派五十万秦军赴岭南地区同南越人作战。为了尽快地征服岭南，秦始皇下令开凿灵渠。灵渠位于今广西壮族自治区兴安县境内，于公元前 214 年凿成通航。灵渠全长 30 多千米，沟通了湘江和漓江，打通了南北水上通道，是世界上最古老的人工运河之一，有着“世界古代水利建筑明珠”的美称。

▼ 秦国驰道

修建全国的驰道

驰道是中国历史上最早的“国道”，始于秦朝。公元前 221 年，秦始皇吞并六国，第二年（前 220 年），下令修建驰道。驰道以首都咸阳为中心，可以通往全国各地。著名的驰道共有 9 条，有出今高陵通上郡（陕北）的上郡道，也有过黄河通山西的临晋道，还有出函谷关通河南、河北、山东的东方道等。秦驰道往往修建在平坦的地方，一般宽五十步（约今 69 米），每隔三丈（约今 7 米）栽一棵树。通过修建驰道，秦始皇建立起以咸阳为中心的道路交通网，将天下连成了一体。

第二章 两汉往事

随着秦王子婴投降，刘邦和项羽这两个曾经的对战友展开了帝位的争夺。在惊心动魄的楚汉战争中，刘邦夺取了最终的胜利，并建立起一个新的王朝——汉朝。经过汉初几代皇帝的励精图治，汉武帝时汉朝进入全盛时期。汉武帝三击匈奴，解决了长期以来的边患；独尊儒术，完成了思想文化的统一。但盛极必衰，汉武帝的好大喜功极大耗费了国力，西汉逐渐走向衰落。在经历了西汉末年的动荡和战乱之后，刘秀建立了东汉。东汉的农业和手工业水平都有了一定的提高，科学技术也有很大的发展。但到了东汉后期，外戚和宦官轮流掌权，朝政黑暗、社会动荡，最终引发了黄巾之乱。

惊心动魄的楚汉战争

公元前 207 年，刘邦率军进驻霸上（今陕西西安东南）。子婴乘素车白马，手捧传国玉玺，跪在道旁向刘邦俯首请降，宣告了秦朝的灭亡。刘邦进入咸阳后，和关中父老“约法三章”：“杀人者死，伤人及盗抵罪。”秦朝的严苛法律被废除后，关中百姓纷纷表示欢迎，刘邦也因此奠定了群众基础。

▼ “约法三章”

鸿门宴

项羽在河北消灭秦军主力后，急忙向咸阳赶来。他率军进入函谷关后，驻扎在新丰鸿门。此时，项羽拥兵四十万，而刘邦只有十万。刘邦手下一个叫曹无伤的人告诉项羽，刘邦有称王的野心，不得不防。项羽的叔父项伯和刘邦的谋士张良有些交情，因此连夜赶去刘邦军中报信。第二天，刘邦亲自来见项羽，席间，项羽的谋士范增三番示意项羽杀掉刘邦，但项羽犹豫不决，错失良机，让刘邦得以脱身。这就是历史上著名的“鸿门宴”。

▼ 鸿门宴

项羽的暴行

几天后，项羽率军进入咸阳，杀掉秦王子婴，烧毁阿房宫，并纵兵抢夺财宝、妇女。项羽遥尊楚怀王为义帝，自立为西楚霸王，分封诸侯。刘邦被封为汉王，统治巴、蜀、汉中等地。项羽的分封引起了一些将领的不满。公元前 206 年，田荣在齐地起兵反抗项羽。刘邦趁机进兵关中，楚汉之争拉开序幕。

▲ 垓下之围

楚汉战争的经过

项羽平田荣之乱时，刘邦则趁机率领各路诸侯攻入项羽的老巢彭城。项羽率军回援，击败汉军，刘邦节节败退。战争进入相持阶段，项羽和刘邦约定以鸿沟为界，其东属楚，其西属汉。此后，项羽罢兵东归，刘邦却率领大军追击项羽，项羽措手不及，连连战败。公元前 202 年，刘邦率军将楚军围于垓下。四面楚歌之中，楚军大败，一代霸王项羽自刎乌江，楚汉之争结束。

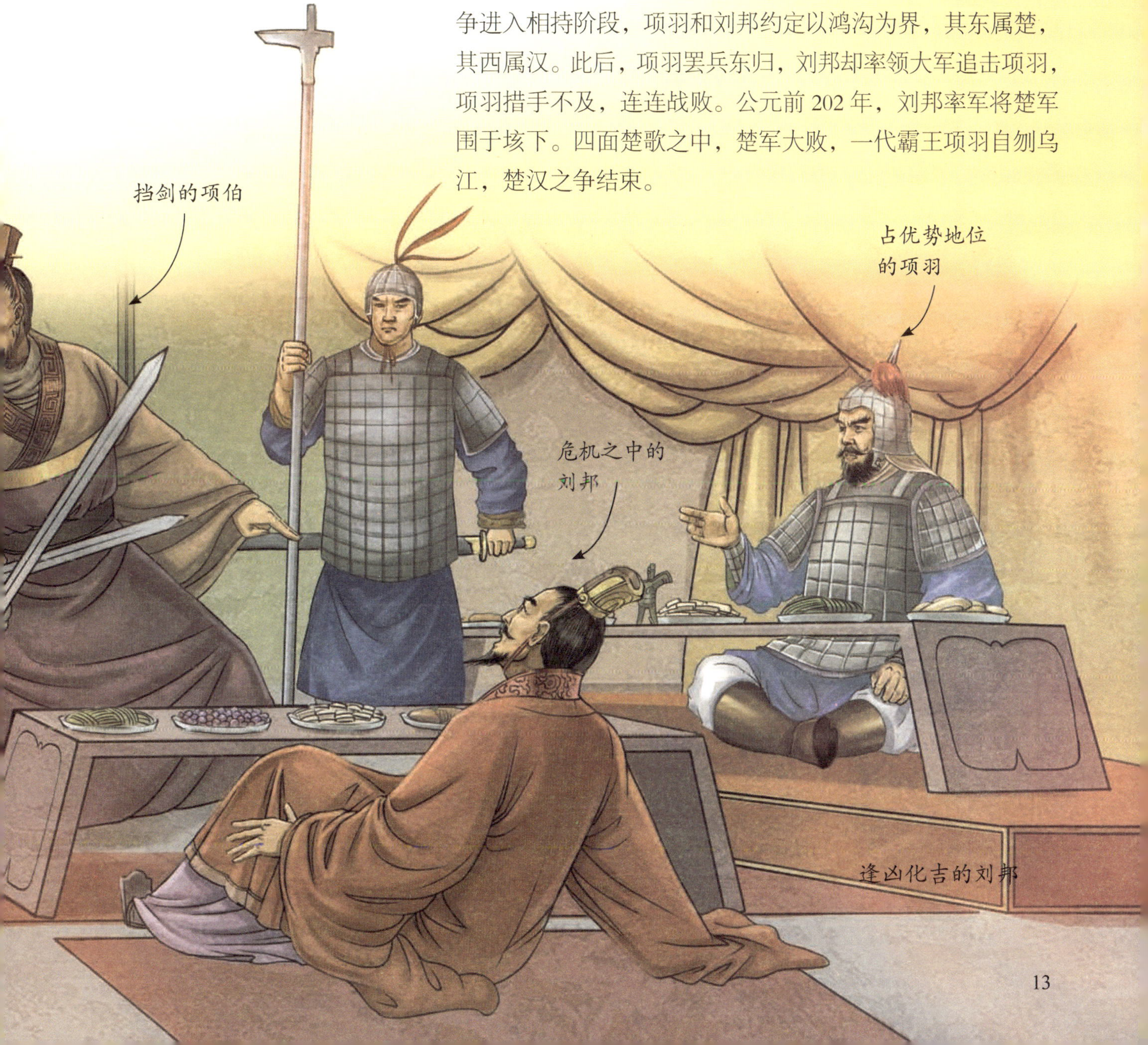

逢凶化吉的刘邦

汉初的休养生息

秦末农民起义不断爆发，各路豪杰逐鹿中原，残酷血腥的战争整整持续了八年之久。最后，刘邦取得了胜利，成为西汉的开国之君。但他并没有时间去庆祝，因为摆在面前的是一个满目疮痍、残破不堪的国家。

刘邦宴请功臣

刘邦建立西汉

公元前 202 年，刘邦即位称帝，他就是汉高祖。汉初经济凋敝，刘邦和大臣们一起总结了秦亡的教训，决心以黄老学说作为指导思想，实行无为而治、休养生息的政策。他先后颁布了一系列的律令，让大量士兵解甲归田，且轻徭薄赋，并鼓励那些在山林川泽中避难的百姓返回故乡。这些措施取得了良好的效果，促进了生产的恢复和发展。

白登之围

汉朝初年，北方的冒顿单于统一了匈奴各部，经常南下侵扰汉朝的边郡。公元前 201 年，冒顿单于发兵围攻马邑（今山西朔县），驻守马邑的韩王信向匈奴投降，并勾结匈奴南下攻汉。公元前 200 年，刘邦亲自率军进剿。为迷惑汉军，冒顿单于故意隐藏自己的精锐部队，只留下一些老弱病残。刘邦率领先头部队前进到平城，结果被三十余万匈奴骑兵围困在白登山七天七夜。当时正是寒冬腊月，将士们缺衣少粮，又冷又饿，时刻面临着全军覆没的危险。后来刘邦采用陈平的计谋，用重金贿赂冒顿单于的阏氏（相当于皇后），这才脱离险境。经过这次战役，刘邦意识到汉朝的贫弱，于是决定对匈奴采取“和亲”政策，暂时维持边境的安宁。

白登之围

▲ 萧规曹随

萧规曹随

萧何是西汉的相国，他为西汉开国立下汗马功劳。楚汉战争期间，萧何效仿秦朝的制度制定了法令规章，建立宗庙社稷。西汉建立以后，他在《秦律》的基础上制定了《九章律》，并在全国推行无为而治。公元前 193 年，萧何病故，曹参继续坚持萧何的治理方针，经过几年治理，西汉的社会经济有所好转，百姓安宁，天下大治。

▲ 吕后专权

心狠手辣的吕后

公元前 195 年，刘邦病逝，太子刘盈继位，即汉惠帝。当时，惠帝只有 16 岁，朝政大权全掌握在吕后手中。尽管惠帝一生都活在吕后的阴影下，但还是很好地继承了高祖的政策，与民休息，西汉的国力得到发展。惠帝死后，吕后以太皇太后的身份临朝称制。她迫害刘姓王侯，大肆分封吕姓族人为王，大有改朝换代的趋势。不过等到吕后一死，刘氏集团就迅速发动政变，铲除了吕氏家族，恢复了刘氏江山。

文景之治

公元前 180 年，掌握汉帝国最高权力十余年的吕后病逝。丞相陈平、太尉周勃和朱虚侯刘章等人迅速发动政变，铲除了吕氏家族的势力。此时，一个新的问题出现在大家面前：该推选谁来做皇帝呢？

汉文帝是在大臣的拥立下继位的。

▲ 汉文帝登基

节俭的汉文帝

刘氏诸王都野心勃勃，想要争夺皇位。刘恒是刘邦的第四个儿子，颇具政治才能。公元前 180 年，刘恒继位，是为汉文帝。汉文帝继位以后，轻徭薄赋，大力发展农业。此外，他还厉行节俭，在位二十多年，没有新建宫殿修园林，甚至没有增添车辆仪仗。他还撤销旧有的苑囿，将土地赐予平民耕种。

不断膨胀的诸侯王

公元前 157 年，深受百姓爱戴的汉文帝去世，太子刘启继位，他就是汉景帝。景帝大体上继承了汉文帝的政策，让老百姓休养生息。然而，帝国内部此时暗流涌动，一些诸侯王的势力已经十分膨胀，开始对中央政权构成威胁。

▼ 分封诸侯王

汉朝没有凳子，需要跪坐。

刘邦分封了很多同姓诸侯王，让他们互相牵制。

▲ 七国之乱

七国之乱

公元前 154 年，汉景帝采纳御史大夫晁错的建议，颁布削藩令，引起了诸王的强烈反对。以吴王刘濞为首的七个诸侯国打着“诛晁错，清君侧”的旗号发动叛乱，史称“七国之乱”。汉景帝忍痛杀了晁错，希望能够平息叛乱，刘濞却并不退兵，反倒自称“东帝”。此时，景帝才弄清楚刘濞的野心，于是派太尉周亚夫率兵征讨，决心以武力平叛。周亚夫采取坚壁固守的战术，并派奇兵切断叛军粮道，不到三个月就平定了叛乱。

文景之治

▶ 文景之治

七国之乱平定后，汉景帝趁机继续削藩，并把王国的行政权和官吏的任免权全部收归中央，诸侯王不再掌握政权和军队。这基本解决了汉初分封诸侯所带来的弊病，也为汉武帝进一步解决王国问题奠定了基础。经过文帝和景帝四十多年的苦心经营，西汉摆脱了经济凋敝、社会残破的惨状，社会安定，百姓丰衣足食，国家空前繁荣。这一时期被称为“文景之治”。

汉武帝的文治武功

汉景帝去世后，少年刘彻成为汉帝国的最高统治者，他就是历史上赫赫有名的汉武帝。在汉武帝的统治下，汉朝变得更加强盛，并逐步走向巅峰。

▼ 汉武帝在主父偃建议下颁布“推恩令”

推恩令

公元前 141 年，年轻的汉武帝继位。文、景二帝给他留下了丰厚的遗产，但同时也有一些社会问题需要解决。七国之乱后，地方王国势力虽然得到削减，但仍然有一些疆域辽阔的王国对中央存在一定威胁。公元前 127 年，在大臣主父偃的建议下，汉武帝颁布了“推恩令”，宣布王国内除了嫡长子有权继承王位外，其他子弟也有权分割王国的部分土地建立侯国。公元前 112 年，汉武帝又借口列侯献上的“酎金”成色不好或斤两不足，削夺了 106 个列侯的爵位。由此，西汉的王国问题得到彻底解决。

罢黜百家，独尊儒术

随着中央集权的强化，统一思想成为汉武帝接下来要做的事情。公元前 134 年，他采纳了董仲舒的建议，“罢黜百家，独尊儒术”。董仲舒对儒学思想进行了改造，利用道家的天道观强调大一统，还特别强调法治，把儒、法两家结合起来，迎合了统治者实现大一统的需要。从此，儒学开始走上独尊地位。此外，汉武帝还在长安大兴太学，以儒学经典《诗》《书》《礼》《易》《春秋》等为教材，设置五经博士，用于培养人才和选拔官吏。在政府的倡导下，儒学经典得到了广泛的传播。凡事都有两面性，“独尊儒术”虽然有利于巩固封建国家的统一，但同时也抑制了思想的自由发展。

◀ 董仲舒推崇儒家思想

▲ 卫青远征匈奴

汉朝与匈奴的战争

汉初的统治者一直对匈奴实行和亲政策，但匈奴仍然时不时地侵扰汉朝的边郡。雄心勃勃的汉武帝决心对匈奴实行大规模反击。公元前 127 年，大将军卫青率兵收复了河套地区，解除了匈奴对长安的威胁。公元前 121 年，霍去病率领数万骑兵进入匈奴境内千余里。这次战争引发了匈奴内部的分裂，浑邪王杀死了休屠王并归降汉朝。汉朝在河西地区设置了酒泉、张掖、敦煌、武威四郡，为沟通西域提供了重要通道。

漠北之战

公元前 119 年，匈奴再次南下侵扰，卫青、霍去病率军数十万越过漠北追击匈奴。卫青到达漠北后，派五千骑兵去挑战匈奴，匈奴单于大败而归。霍去病则率军和匈奴的左贤王作战，于狼居胥山大败匈奴，歼敌七万余人。从此之后，匈奴长期游牧于漠北，再也无力南下。自此，汉武帝基本解除了匈奴对于北方地区的威胁，同时加强了边郡与内地的联系。

◀ 霍去病率军出征

张骞出使西域

汉武帝攻打匈奴时，总觉得少个帮手。他得知西域有个国家叫大月氏，与匈奴有血海深仇，于是计划联合大月氏夹击匈奴。汉武帝把联系大月氏的重任交给了张骞。

张骞的出使

公元前 139 年，张骞奉命带着一百多名随行人员，以堂邑父为向导，踏上前往西域的道路。这一路非常凶险，西边是匈奴的领土，他们面临着随时被发现、被俘虏的危险。另外，西进的路上很多地方是无人区，沙漠里连找一口水都困难。

▲ 张骞出使途中

成为俘虏

张骞的使团在穿过河西走廊时被匈奴俘虏了，可是匈奴单于并没有杀了张骞，而是把他拘禁起来，想要消磨他的斗志和对汉朝的忠心。为此，匈奴人促其娶妻生子。就这样过了十几年，匈奴人以为张骞被“驯服”了，也就放松了警惕。但张骞从没有忘记自己的使命，他终于找到了一个机会，带着妻儿、随从逃往大月氏。只不过，此时的大月氏远离匈奴，日子过得安稳，已经淡忘了仇恨，不想再打仗了。而张骞一行在回国途中又被匈奴扣留。

▼ 张骞被俘

宝贵的财富

公元前126年，张骞在十三年后，终于回到了长安。他虽没完成任务，却为西汉王朝带回了一份“西域攻略”，这些地理资料为日后汉军作战提供了极大的便利。

张骞后来随卫青征匈奴，因功得封博望侯。

▶ 张骞回国

丝绸之路

▼ 张骞第二次出使西域

公元前119年，张骞第二次出使西域，任务是说服乌孙与汉朝联合，以切断匈奴右臂。不过，当他们抵达目的地乌孙时，乌孙正在闹内乱，结盟计划又失败了。张骞并没有因此放弃，而是分遣副使出访了大宛、康居、大月氏、大夏、安息等中亚国家，一些西域国家也纷纷派遣使者到中原进行经济文化交流，从而形成了一条贯通中西的“丝绸之路”。

拯救汉帝国的经济

战争是需要强大的经济基础来支撑的。汉朝和匈奴之间进行了长达三十年的战争，几乎耗尽了西汉的国力。为了应付庞大的战争支出以及满足自己的挥霍，汉武帝在经济上也进行了一些改革。

▲ 官营冶铁业

盐铁官营

食盐是百姓日常生活中的必需品，而铁器在西汉也已经成为人们生产生活的重要工具，所以盐铁业对国计民生有重要影响。西汉初年，国家允许私人经营盐铁，富豪权贵垄断了冶铁和煮盐业，这就严重影响了中央财政的收入。公元前 118 年，汉武帝下令禁止民间从事盐铁业，在全国产盐铁的地方设立专卖机关，并任命盐铁官。由此，政府垄断了盐铁业，中央的财政收入大大增加了。

算缗与告缗

公元前 119 年，汉武帝为了打击大商人的势力，颁布了算缗和告缗的法令。政府要求那些大商人、高利贷者等自曝财产，并向他们征收财产税，这就是所谓的“算缗”。一些商人为了保住自己的财富，通常会隐瞒不报或者少报。汉武帝鼓励知情者去揭发，只要被查出来，便没收被告人的全部财产并罚其戍边一年，而举报者则获得被告人财产的一半，这就是“告缗”。公元前 110 年，汉武帝又实行了均输平准的政策，抑制大商人囤积货物操纵物价的行为。很多商人都因此而破产，而政府的收入大大增加。

▼ 盐业被政府垄断

▲ 巫蛊之祸

轮台罪己诏

汉武帝虽然雄才大略，但他非常迷信。到了晚年，他听信谗言，怀疑太子用巫术加害自己。太子很害怕，于是带兵出走。汉武帝便出兵镇压，逼死了太子，还株连了几万人，这就是著名的“巫蛊之祸”。此外，连年征伐带来的沉重的兵役和徭役，使许多农民无法忍受，于是纷纷发动起义。面对内忧外患的局面，汉武帝深深地反省了自己的过错，于公元前 89 年颁布了《轮台罪己诏》，表示要停止对外战争，把国家重心转移到经济发展和社会生产上来。此举在一定程度上缓和了社会矛盾，避免了秦朝覆亡的悲剧。

五铢钱

汉初中央政府较弱，听任各个郡国私自铸造钱币，导致币制混乱，物价飞涨。一些郡国诸侯王通过操纵铸币权积累了大量财富，威胁到中央政权的稳定，著名的“七国之乱”就是一个典型的例子。于是汉武帝在公元前 113 年下令禁止郡国铸钱，把铸币权收归中央，成立专门的铸币机构，统一铸造五铢钱，把各地私自铸造的钱币运到京师集中销毁。从此，五铢钱便成为当时唯一的合法货币，汉武帝解决了币制混乱的问题。这些措施的实行暂时解决了经济困难的局面，稳定了王朝的统治。但是，巨大的军政开销仍然没有得到补足，西汉繁荣的表象之下依然暗流涌动。

▼ 铸造货币

▲ 霍光

西汉晚期的腐败统治

汉武帝生前为自己选好了继承人，那就是刘弗陵。可是汉武帝驾崩时刘弗陵年纪实在太小，没有办法亲政。汉武帝选择了谁来辅佐少帝呢？

汉武帝托孤

昭帝刘弗陵年幼，汉武帝为了防止女主专权的局面再次发生，狠心处死了他的母亲钩弋夫人。接着，他指定霍光、金日磾、上官桀和桑弘羊四人辅佐少主，其中霍光居首。昭帝继位以后，霍光继续实施汉武帝晚年节约民力、与民休息的政策，对内轻徭薄赋，对外与匈奴恢复和亲，西汉的国力日益恢复。公元前 74 年，年仅 21 岁的汉昭帝突然去世，没有留下任何子嗣。

短暂的“昭宣中兴”

霍光和大臣商量之后，欲立昌邑王刘贺为帝。但刘贺荒淫无道，刚愎自用，霍光便将其废黜，另立汉武帝的曾孙刘询为帝，是为汉宣帝。霍光长期执政，权倾朝廷，霍氏家族也在朝中建立了盘根错节的势力，这使汉宣帝十分忌惮。霍光死后，汉宣帝亲政，以谋反的罪名将霍家满门诛灭，彻底铲除了霍氏一门的势力。宣帝基本延续了昭帝时期的政策，西汉王朝出现了几十年的兴盛景象，史称“昭宣中兴”。

腐朽的统治者们

汉宣帝去世后，太子刘奭继位，是为汉元帝，西汉进入后期。后期的统治者大都骄奢淫逸，腐朽享乐。汉元帝时期，由于后宫宫女太多，没办法一一召见，汉元帝便让宫里的画师给宫女们画像，通过浏览画像就能找到想要召见的宫女。汉成帝宠爱歌妓出身的赵飞燕和赵合德姐妹，整日醉生梦死，不理朝政。汉哀帝则宠爱男宠董贤，封他为大司马，让他执掌朝政，甚至还要将皇位让给他，实在是滑天下之大稽！

▲ 西汉末年，外戚与宦官夺权

西汉时期，宦官并非全是阉人。

外戚指的是皇帝妻子与母亲一方的亲属。

外戚和宦官相互倾轧

西汉后期，皇权衰弱，朝中的外戚和宦官势力争权夺势，轮流掌握朝政大权。汉元帝继位后，外戚史高与萧望之、周堪共同辅政。但三人之间互相争斗，谁也不服谁。汉元帝在宦官的教唆下迫使萧望之自杀，宦官集团掌权，以石显为首的宦官迫害正直官员，朝政日益败坏。成帝继位后宦官集团失势，外戚王氏开始长期把持朝政，成帝连委任官员都无法自己做主。哀帝时，朝政又被外戚傅氏和丁氏掌控，他们作威作福，权倾一时。公元前 1 年，哀帝病死，以王莽为代表的王氏集团卷土重来，并最终发动政变，颠覆了西汉的统治。

王莽新朝的兴衰

西汉和东汉之间，有一段被称为新朝的历史，只有短短十五年。它的创建者是谁呢？中间又发生了什么故事呢？

篡汉自立的野心

公元前 1 年，汉哀帝去世，年仅 9 岁的平帝继位，王莽独揽大权，逐渐萌生出篡位的野心，不断收买人心，培植党羽。公元 5 年，年仅 14 岁的汉平帝突然去世，王莽临朝摄政，被称为“摄皇帝”。此后数年间，朝廷内外频繁出现上得天佑、下得民心的符瑞，这些符瑞都是王莽派人安排的，以便为其执政和篡位找到合理依据。公元 8 年，王莽登上皇帝宝座，改国号为“新”。至此，王莽实现了篡汉自立的政治野心。

王莽的发迹史

汉成帝时，生母王政君为太后，王氏家族显赫朝野。王莽是王政君的侄子，自幼勤俭节约，努力学习，并对母亲恪尽孝道，是一个谦虚礼让的人。公元前 16 年，王莽为侍中，开始参与朝政。他非常善于处理和大臣的关系，还经常救济贫寒的宾客，声望日益见长。公元前 8 年，王莽为大司马，独掌朝纲。成帝去世后，继位的哀帝重用外戚傅氏和丁氏家族，打击王氏家族。王莽仕途受阻，被迫回到自己封地。但他也没有闲着，抓住各种机会扩大自己的声望，以图东山再起。

▼ 王莽篡汉

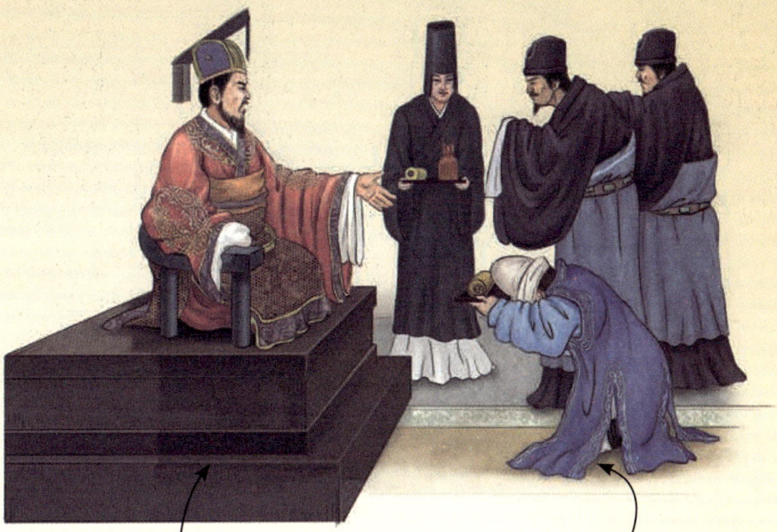

▼ 王莽授意少数民族来降

王莽是个“改名狂魔”，多次更改过去的地名、官名。

王莽对少数民族地区进行武力征伐，诛杀不服从者。

王莽托古改制

为了维持这个刚刚建立的“新”朝，王莽试图仿照古代制度进行改制，以解决当时日益严重的社会危机。公元9年，他宣布全国土地改称“王田”，私家奴婢改称“私属”，不允许买卖。王莽还多次实行币制改革，废除五铢钱，推行各种新币制。王莽的做法导致币制混乱，国家财政几乎瘫痪。除此之外，他歧视周边少数民族，引起了各个民族的强烈反抗，并引发了旷日持久的战争。

天灾人祸

西汉时期人口大量增加，黄河流域地区被过度开发，植被严重破坏。王莽时期，黄河决堤，老百姓辗转逃亡，无以谋生。接踵而至的还有蝗灾、旱灾，更使百姓衣不遮体、食不果腹。王莽的新政违反了历史发展规律，不但没有使百姓受益，一些措施还触及贵族官僚的利益，许多支持王莽的人也开始反对他了。到新朝晚期，由于天灾人祸，不仅贫苦百姓无以为生，连上层贵族官僚也人心惶惶，整个帝国已经走到崩溃的边缘。

▼ 灾害频发，生灵涂炭

王莽统治时期是自然灾害最为惨烈的时期之一。

刘秀统一全国

王莽的新政给社会带来混乱，激起了人民的反抗，各地的农民起义此起彼伏。其中，声势最浩大的就是绿林军和赤眉军了。新朝面临着怎样的命运呢？

▶ 新朝灭亡

绿林军和赤眉军起义

公元 17 年，王匡、王凤带领饥民发动起义。他们以绿林山为根据地，因此被称为“绿林军”。第二年，山东和苏北一带也发生饥荒，琅邪人樊崇发起起义。他们把自己的眉毛涂成红色，因此被称为“赤眉军”。随着各地起义的爆发，一些贵族地主企图恢复刘氏天下，也加入起义的队伍。公元 22 年，刘縯、刘秀兄弟加入了绿林军。第二年，绿林军拥立汉宗室刘玄为更始帝，恢复汉朝国号。刘玄称帝后，派刘縯率领主力进攻宛城，又派王凤、王常和刘秀北上占领昆阳、定陵、郾县等地。

新朝的灭亡

公元 23 年，王莽看到起义军发展如此迅速，派王邑、王寻率领精兵四十多万将昆阳团团包围。昆阳城内仅有八九千守军，刘秀率十三骑突出重围，寻找援军。来救援的义军虽然人数不多，但斗志旺盛，而王邑骄傲轻敌，刘秀与昆阳城内的守军里应外合，大败王莽军队。昆阳之战以少胜多，击溃了王莽军队的主力。绿林军乘胜追击，不久就攻下洛阳，九月攻破长安。王莽狼狈地逃亡后被杀，新朝就此灭亡。

▼ 绿林、赤眉起义

东汉的建立

王莽灭亡后，刘玄迁都长安。他一进入长安就大封汉宗室，日夜饮酒作乐。在更始政权建立之初，赤眉军首领樊崇曾亲自去洛阳投奔刘玄，却被刘玄敷衍应付。樊崇于是带领赤眉军兵分两路对抗刘玄，取得节节胜利，同时拥立汉宗室后裔刘盆子为皇帝。而在更始政权内部，以刘玄为首的贵族势力与以王匡为代表的农民军将领发生内讧，王匡投靠赤眉军。公元 25 年，赤眉军攻入长安，刘玄只好投降，更始政权就此覆灭。

▶ 刘秀征服天下

刘秀统一全国

与此同时，被派往河北的刘秀积极扩充势力，得到当地官僚地主的拥护。公元 25 年，刘秀在鄗县（今河北柏乡县）称帝，史称“东汉”。此时，赤眉军占领长安后遭到关中豪强地主的坚决抵抗，只好暂时退出长安。在转战过程中，天降大雪，赤眉军中冻死了很多人，只好又返回长安。此时，刘秀派兵频繁攻打赤眉军，赤眉军死伤惨重，被迫向东转移。在途中，赤眉军又被刘秀伏击，樊崇、刘盆子投降，赤眉军以失败告终。消灭赤眉军后，刘秀又用了十年时间攻破了各地的割据势力，最终统一了全国。

东汉王朝的兴衰

刘秀在乱世之中挺身而出，镇压起义、统一全国。然而，新生的东汉也面临着人口锐减、社会经济凋敝的局面。怎样去解决这一系列问题？东汉又将面临着怎样的命运呢？

▼ 光武中兴

光武中兴

刘秀统一全国后，采取了一系列政策来恢复生产，比如释放奴婢、度田和检查户口、组织军队屯田、减少税收等，尽量减轻人民的负担。此外，刘秀还大封功臣，让他们交出兵权，让带兵的功臣远离首都。刘秀又收罗天下文士，形成以儒生为主的官僚队伍。为了加强皇权，刘秀还削弱三公权力，扩大尚书台的权力，尚书台直接听命于皇帝，成为皇帝的决策机构和发号施令的中枢机关。通过一系列措施，刘秀巩固了自己的统治，建立了强有力的中央集权，史称“光武中兴”。

东汉的娃娃皇帝

光武帝死后，明帝刘庄继位，他吸取前朝的教训，制定了“后妃之家不得封侯与政”的政策，防范外戚干政。公元 88 年，汉章帝死后，年仅 10 岁的和帝即位，窦太后临朝，窦氏一门掌握了朝政，这是东汉外戚专权的开始。以窦宪为首的窦氏家族骄横跋扈，引起了和帝的不满。公元 92 年，和帝利用宦官郑众等诛灭了窦氏集团，迫使窦宪自杀。郑众因此被封侯并参与朝政，这成为宦官干预朝政的开始。

▲ 娃娃皇帝

外戚与宦官干预朝政

公元105年，汉和帝去世。邓太后为了把持政权，废掉和帝的长子，改立生下刚百余日的殇帝刘隆。不久殇帝去世，邓太后又立13岁的安帝刘祜，并由自己的兄长邓骘掌握朝政。公元121年，邓太后去世，安帝亲政，朝政由宦官和外戚阎氏一起把握，形成外戚和宦官共同专政的局面。没过几年，安帝死去，宦官孙程等人除掉了阎氏势力，拥立年仅11岁的顺帝。孙程等人因功封侯，宦官势力又膨胀起来。在宦官和外戚的斗争中，东汉的皇帝已经成了任人摆布的傀儡。

▲ 外戚与宦官掌控朝政

走向没落

汉顺帝时，宦官势力十分嚣张。顺帝扶植外戚，外戚梁商、梁冀相继掌握要职。顺帝死后，梁氏掌权，梁太后和梁冀先后立2岁的冲帝刘炳、8岁的质帝刘缵、15岁的桓帝刘志，这一时期外戚势力极盛。公元150年，梁太后去世。此时，桓帝已经成年，他不甘心大权旁落，于是与宦官单超等人合谋除掉梁冀，消灭了梁氏集团。此后，宦官独揽大权，势力发展到顶点。公元168年，12岁的灵帝即位，政权完全被宦官控制。大将军窦武等人想找机会除掉宦官，结果被镇压。灵帝死后，外戚何进等人再次合谋诛灭宦官，也没有成功。在外戚和宦官的斗争中，东汉逐渐走向没落。

开启乱世风云

宦官垄断朝政，造成大批太学生和儒生晋升无门。为了表达自己的愤怒，他们便和官僚士大夫联合，在朝野上下形成了一个反对宦官专权的政治力量。那么，实力雄厚的宦官集团会如何反击呢？

▲ 党锢之祸

第一次“党锢之祸”

为了打击宦官势力，儒生和太学生们对宦官进行猛烈抨击，在民间兴起一股“清议”之风。一些在朝的官吏也充分利用手中的权力打击宦官，其中最坚决的就是李膺。当时李膺任司隶校尉，为人刚正不阿。大宦官张让的弟弟张朔杀害孕妇后躲到张让家里，李膺把张朔抓起来，审问完后立刻处死，极大震慑了宦官集团。但宦官毕竟势力雄厚，公元 166 年，宦官诬陷李膺与太学生、儒生“共为部党，诽讪朝廷”，李膺等二百余人被逮捕，他们被终身禁锢，不得为官。这就是东汉第一次“党锢之祸”。

第二次“党锢之祸”

公元 168 年，汉灵帝刘宏继位，大将军窦武和太傅陈蕃辅政。他们启用李膺和其他一些被禁锢的名士，共谋诛灭宦官集团。事泄，宦官曹节等人发兵逮捕了窦武，迫使窦武自杀，窦氏一门全都被处死。刚刚被启用的李膺等人再次被捕并死在狱中，他们的父子兄弟、门生故吏一律被免官禁锢。这是第二次“党锢之祸”。此后，东汉的统治愈加腐败。人祸横行，天灾也开始频繁降临，蝗灾、水灾、旱灾相继发生，百姓饥寒交迫，流离失所，饿殍遍野。在这样的背景下，一场大起义正在酝酿爆发。

▼ 党锢之祸

黄巾起义

公元 184 年，太平道首领张角把信徒组织起来发动起义，数十万饥寒交迫、无以为生的农民纷纷拿起武器响应。起义军焚烧官府，捕杀官吏，攻打豪强地主，如疾风骤雨般席卷北方地区。东汉朝廷十分惊恐，汉灵帝一面调集军队保卫京师洛阳，另一方面解除“党禁”，缓和统治阶级内部矛盾。各地豪强地主也把宗族、部曲、家兵组织起来与黄巾军对抗，黄巾起义于公元 184 年年底被镇压下去。

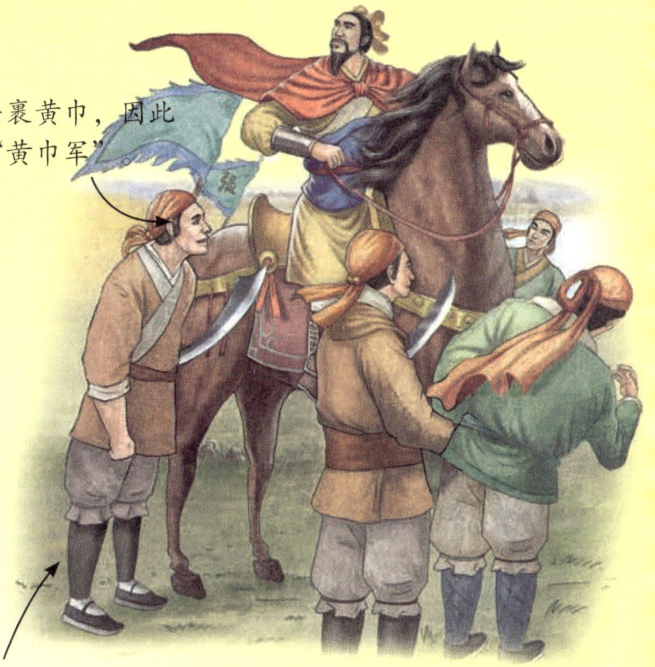

起义军头裹黄巾，因此被称为“黄巾军”。

黄巾起义的口号是“苍天已死，黄天当立，岁在甲子，天下大吉”。

▲ 黄巾起义

宦官集团被诛灭

黄巾起义失败后，统治集团内部又争斗起来。公元 189 年，汉灵帝驾崩，何皇后的兄长何进任大将军，立少帝刘辩。何进与司隶校尉袁绍密谋诛灭消灭宦官集团，召手握重兵的董卓带兵进京。宦官得到消息后抢先杀死了何进，而袁绍则立即发兵诛杀了两千多名宦官，结束了长期以来宦官专政的局面。此时，董卓率兵进京。他废黜少帝，立年仅 9 岁的陈留王刘协为帝，是为汉献帝。董卓的倒行逆施引起官员和广大百姓的愤怒，各地诸侯纷纷起兵，准备讨伐董卓。此时的东汉政权已经名存实亡，各州郡纷纷拥兵自重，割据称雄，历史即将进入一个腥风血雨、分裂割据的乱世。

董卓是东汉末年的军阀。

▼ 董卓摄政

伟大的发明创造

两汉之际，由于社会的稳定和经济的发展，科学文化也得到了迅速发展，科技人才层出不穷，给后世留下了宝贵的财富。

蔡伦改进造纸术

东汉宦官蔡伦认真总结前人经验并改进了造纸术，以树皮、破布、旧渔网等为原料，大大降低了造纸的成本。同时，他还改进了造纸工艺，制成的纸张轻薄光滑且经久耐用。经过汉和帝的大力推荐，蔡伦改进的造纸术很快就传遍了各地。人们为了纪念蔡伦的功绩，便把蔡伦制造的纸称为“蔡侯纸”。

杜诗发明水排

东汉光武帝时期，南阳太守杜诗为了提高冶金技术，发明了一种水力鼓风机——水排。水排用水力机械轮轴带动鼓风囊，使其不断伸缩，给冶金高炉加氧。杜诗发明水排，一改中国冶炼鼓风装置以人力和畜力为动力的状况，大大提高了劳动效率，在中国古代冶炼工艺发展史上具有里程碑的意义。

▼ 水排

▼ 蔡伦改进造纸术

《九章算术》的出现

公元1世纪左右，数学巨著《九章算术》终于问世。全书收集了246个数学问题，分为九章，所以定名为《九章算术》。《九章算术》提出分数的通分、约分和四则运算的完整法则，比欧洲早一千四百多年；介绍了开平方、开立方的方法，是世界上最早的多位数和分数开方法则；提出了正负数，并进行加减运算，这是世界数学史上一项重大成就，外国到7世纪才认识到负数；提出了勾股数问题的通解公式，比西方早3个世纪；还提出了各种多边形、圆、弓形等的面积公式。《九章算术》上承先秦数学发展之源流，是我国古代数学知识的全面总结，标志着我国古代数学体系的形成。

▲ 《九章算术》

张衡发明地动仪

张衡是河南南阳人，出生于世家大族，从小受过良好的教育。长大后他游历各地，博览群书，精通天文、地理、文学、绘画等。公元111年，张衡进入中央任职，随后被任命为太史令。由于当时地震多发，张衡决定发明一个能够测定地震方位的仪器。经过反复实验，张衡在公元132年制成了地动仪。它的形状像一个酒樽，外部镶着八条龙，按照八个方向排列。每条龙的龙嘴里都含着一粒小铜球，下面蹲着八个铜蟾蜍。一旦某个方向发生地震，地动仪代表那个方向的龙嘴就会吐出铜球，落在铜蟾蜍的口中。地动仪比欧洲类似的仪器早了一千七百多年。

▼ 地动仪复原图

汉朝的文学艺术成就

两汉时期，随着社会的发展和国家的统一，无论是史书、汉赋、乐府诗还是雕刻艺术，都在前人的基础上取得了惊人的成就。

史家之绝唱

司马迁的父亲司马谈是西汉的太史令。司马谈死后，司马迁接替父亲做了太史令，随后开始编写《史记》。公元前 99 年，李陵率兵出击匈奴，兵败被俘。汉武帝大怒，朝堂之上没有一个人敢吭声，只有司马迁站出来为李陵辩护。这更加触怒了汉武帝，司马迁因此被捕下狱，并被施“腐刑”。司马迁被赦免出狱后，没有怨天尤人，而是继续发愤著书，终于完成了《史记》。《史记》记载了黄帝至汉武帝太初年间三千年左右的历史，全书以人物为主，辅之以编年和纪事，体例严整，内容丰富，是我国古代第一部纪传体通史，为此后两千年间正史的编纂树立了规范，鲁迅称之为“史家之绝唱，无韵之《离骚》”。

▲ 司马迁编写《史记》

班固编撰《汉书》

班固是东汉扶风安陵（今陕西咸阳）人，其父班彪是东汉著名的儒学大师和史学家。班彪撰写了《史记后传》以续《史记》，班固认为《史记后传》还不够完善，决定继续撰写。公元 62 年，班固被人诬告私改国史而下狱，弟弟班超上书辩解阐明真相。汉明帝欣赏班固的才华，便让班固继续修史。班固用了二十余年时间修成《汉书》120 卷，却因受窦宪叛乱牵连而死于狱中，此时《汉书》还没有完成。他的妹妹班昭补写八表，马续补写了《天文志》，终于完成了《汉书》。《汉书》记载了公元前 206 年至公元 23 年共二百二十九年间的历史，是我国第一部纪传体断代史。

▼ 班固

汉赋的兴盛

两汉时期社会经济逐渐恢复和发展，国力不断增强，一种新的文学题材——赋出现了。汉赋由战国时期的楚辞发展而来，分为小赋和大赋。小赋多为抒情作品，大赋多描写宫廷苑囿和帝王生活，以散文结构记叙，以韵文形式描写，整体上介于诗歌与散文之间。汉赋篇幅很长，尽力铺陈，并没有什么实质性的内容。西汉前期的赋大多借物抒怀、文辞朴实，表达作者的思想感情。汉武帝时期，赋体文学进入兴盛时期，但此时的赋已经沦为歌功颂德的工具。东汉时期，描绘上层社会繁荣景象的大赋逐渐衰落，取而代之的是各种抒情小赋，具有批判现实的精神。司马相如、扬雄、班固、张衡被后世誉为“汉赋四大家”。

汉乐府

乐府原是汉代掌管音乐的官署，专门搜集和整理民歌俗曲，后人把这些民歌俗曲称为“乐府”。汉乐府搜集整理的诗歌，一部分用于执政者祭祀，另一部分则是采用民间流传的音乐，后人称之为“汉乐府民歌”。由于这些作品多来自民间，其中所叙述的故事和表达的情感也都是当时人们的亲身经历，反映出了当时各地的风土人情和人们的生活状态。这部分作品便成为了汉乐府里的精华。我们能从中感受到对封建上层统治集团的讽刺和抨击，也能感受到人们遭遇悲惨生活后的挣扎反抗情绪。两汉乐府继承了先秦民歌以叙述为主的传统，注重通过叙事来抒情达意。诗歌以五言为主，也有七言的形式，语言自然流畅，朗朗上口，洋溢着浓厚的生活气息。

▲ 汉乐府

汉朝的雕刻艺术

两汉时期，雕刻艺术也取得了辉煌成就。西汉最有代表性的雕刻作品是霍去病墓前的石刻群，其中“马踏匈奴”石刻，生动展现了战场上的厮杀，其他石刻也都是以巨大完整的天然石料顺势加工而成，栩栩如生。而东汉最有代表性的则是 1969 年在甘肃武威雷台的一座墓葬中发现的青铜马和青铜俑，其中的一件“铜奔马”青铜雕塑刻画了一匹形态矫健的骏马，它三足凌空，一足踏一飞鸟。这件雕塑想象奇特，刻画细腻，是我国古代雕塑艺术中一件极为优秀的作品。

▶ 正在雕刻的“马踏匈奴”

劉

第三章 乱世风云

在政治腐败、社会混乱的东汉末年，汉朝的根基已经被无休无止的争斗动摇。黄巾起义使汉朝元气大伤，又经过董卓之乱后，各地政权开始相互争斗，中国再次陷入割据与动乱之中。最后，中国大地上崛起了三个政权——魏、蜀、吴，形成了三足鼎立之势。经过半个世纪的发展和演变，魏国最终成为赢家，在其基础之上，司马氏建立了新的统一王朝——西晋。但这个王朝并没有持续多久，很快，各个少数民族政权进入中原，给社会带来了极大的动荡。中国饱经战乱之苦，期盼一个统一王朝的出现。

▲ 董卓把持政权

曹操和袁绍的斗争

东汉末年，宦官和外戚之间的斗争十分激烈，外戚何进为了彻底诛灭宦官，不顾大家的反对召董卓进京。董卓进京之后都干了些什么呢？

董卓的倒行逆施

公元189年，董卓带兵进入洛阳，控制了朝政。不久，他废黜了少帝，立刘协为帝，是为献帝。董卓为人残忍嗜杀，无恶不作，百姓怨声载道。公元190年，关东各州郡起兵讨伐董卓，拥袁绍为盟主。董卓便挟天子西迁长安，后于公元192年被王允和吕布诛杀。此后，各地州牧、刺史纷纷拥兵割据，脱离了中央控制，群雄逐鹿中原，战火连天。

曹操的崛起

曹操的父亲是大宦官曹腾的养子。凭借杰出的政治才能，曹操进入仕途后一路升迁，并在镇压黄巾起义的过程中初露锋芒。为了躲避董卓的追杀，曹操从洛阳逃走，组织了一支五千人的军队，逐渐发展起来。但曹操的底子和累世公卿的袁绍比起来还是差远了，他还需要进一步养精蓄锐。

▶ 曹操初露锋芒

挟天子以令诸侯

公元 196 年，流浪在外的汉献帝返回洛阳。曹操听从荀彧的意见，从洛阳将汉献帝“请”到许，“挟天子以令诸侯”。此后，曹操四处征战，北方逐渐形成了曹操和袁绍并立的局面。面对日益强大的曹操，袁绍感到不安，决定率兵进攻许昌。

▲ 曹操迎汉天子

曹操统一北方

袁绍兵至黎阳，于公元 200 年派大将颜良攻白马，拉开了官渡之战的序幕。曹操先是从官渡北上进军延津，吸引袁绍的兵力，随后迅速调头赶到白马，斩杀袁军大将颜良、文丑。此后，曹操有意避免和袁绍交战，双方陷入僵持状态。就在这时，袁绍的谋士许攸投奔曹操，并把袁军囤粮草于乌巢的情况全告诉了曹操。曹操马上挑选了五千精骑偷袭乌巢，烧光了袁绍所有的粮草。袁军大败，带着几百骑兵逃过黄河。此战之后，袁绍一蹶不振，不久积病而亡。曹操则乘势统一了北方。

▼ 曹操统一北方

统一中国的步伐

官渡之战以后，曹操剿灭了袁绍，平定了乌桓，并把流落塞外的汉族和少数民族逐步内迁，基本统一了北方，解除了南下的后顾之忧。接着，志得意满的曹操便把目光投向南方，企图一统天下。

▲ 赵云大战长坂坡

长坂坡之战

曹操听说刘备已经南下，于是率领五千精骑日夜兼行，在当阳县长坂追上刘备军并将其击破。赵云抱着刘禅、保护甘夫人，同曹军展开激战，最后竟然能全身而退。张飞领着二十余骑在长坂坡桥边据水断桥，曹军吓得没有一个人敢上前。在众人的保护下，刘备一路逃至夏口，而后派诸葛亮出使江东，最终达成了孙刘联盟的协议。

曹操率军南下

曹操统一北方之后，南方能够与之一战的只剩下荆州的刘表和江东的孙权了。刘表是汉室宗亲，手握十万大军却无大志。当时刘备正依附于刘表，他曾劝刘表趁曹操北伐的时候北上，但刘表不听，错失了攻打曹操的良机。而江东的孙权却趁机进攻刘表，占领了江夏。曹操听到消息后立刻率军南下，想抢在孙权之前拿下荆州。公元 208 年，刘表突然去世，他的次子刘琮继位。刘琮向曹操投降，刘备见状赶紧南逃，并派关羽率领水军退到江陵。

▼ 火烧赤壁

孙、刘结成抗曹联盟

曹操率二十余万大军一路浩浩荡荡顺江东下，对外号称八十万。东吴国内一片哗然，主战派与主降派争执不下。但鲁肃力排众议，坚决主战，周瑜也对战争形势作了精辟的分析，使孙权最终坚定了联刘抗曹的决心。从此，东吴上下一心，积极备战，再没人提投降的事。孙刘联军在赤壁和曹军相遇，一场决定中国形势的战争即将展开。

▲ 诸葛亮舌战群儒

赤壁之战

曹军虽然人多势众，但大多是北方人，不习惯坐船，晕船十分严重。为了解决这个问题，曹操下令用铁索把船舰的首尾连接起来。周瑜的部将黄盖献计诈降，并用火攻。于是，他们准备了十艘蒙冲斗舰，装上枯柴，浇上膏油，外面裹上帷幕，黄盖写信诈降曹操，而后驾船向曹营进发。等到接近曹营的时候，黄盖下令点火，火借风势很快吞没了曹军的战舰，火势还蔓延到曹军陆地上的营寨。曹军死伤无数，曹操在众人的保护下逃至江陵。

三足鼎立

赤壁之战后，曹操无力再组织人规模进攻，只好先发展内政，对孙权和刘备采取积极的防守政策。孙、刘也加紧扩充自己的实力，于是三足鼎立的局面逐渐形成。

▲ 曹丕篡汉后，刘备称帝

刘备失荆州

赤壁之战后，曹操退回许都，决定先好好经营中原。在接下来的几年，曹操先后平定了西凉的马腾、韩遂及以汉中的张鲁，夺取了关中、凉州和汉中的大部分地区。刘备则攻取了荆州的大部分地盘，接着又夺取了益州。随后刘备北面和曹操争夺汉中，东面命镇守荆州的关羽进攻襄樊。孙权见刘备势力不断壮大，于公元 220 年派吕蒙在关羽进攻曹军之际袭杀了关羽，将荆州夺回。

夷陵之战

公元 220 年，曹操病死，他的儿子曹丕废掉汉献帝，代汉称帝，改国号为“魏”。刘备于次年在益州称帝，国号“汉”，史称“蜀汉”。称帝后的刘备没有继续攻打曹魏，反倒急于为关羽报仇。公元 221 年，刘备亲率大军攻打东吴，孙权以陆逊为大都督率军迎战，以火攻大败蜀军。刘备败退至白帝城后一病不起，不久去世。夷陵之战后，吴、蜀两国形成了均势。公元 222 年，孙权受魏封为吴王，至此，三国鼎立的局面正式形成。

▲ 七擒孟获

东吴的发展

一直以来，江南地区都因远离政治中心而不甚发达。东汉末年，中原战乱频繁，北方人民为了避难而纷纷迁往南方，给当地带去了先进的生产技术和大量的劳动力，促进了东吴的发展。孙权掌控江东后，对居住在当地的少数民族山越不断发起进攻，掳掠了大量人口，补充了兵员和劳动力。公元 229 年，孙权在武昌称帝，国号“吴”，后迁都建业。为了开发沿海，他派出船队到达夷洲（今中国台湾），这是大陆和台湾接触的最早记录。

蜀汉的统治

夷陵之战后，诸葛亮没有感情用事，而是决定以大局为重，和东吴重修旧好。随后，诸葛亮领兵南进，一方面为北伐解除后顾之忧，另一方面则是为了收服南中的少数民族，补充蜀汉的兵员。公元 225 年春，诸葛亮率兵南征，连战连胜，最后只剩下孟获。为了收服孟获，诸葛亮故意七擒七纵，展现出高超的军事才能。

▼ 夷陵之战

司马氏代曹

就在蜀汉和东吴不断发展的同时，司马家族掌握了曹魏的朝政，逐渐篡夺了曹氏的政权。

司马懿字仲达，他是西晋王朝的奠基人。

司马懿曾经两次装病，第一次装病是为了拒绝曹操的征召。

司马懿此时官职为太傅，在东汉时期，太傅这一官职在三公之上。

▲ 司马懿装病

司马懿韬光养晦

公元239年初，魏明帝曹睿病死。临终前，他任命宗室曹爽和司马懿共同辅佐幼主曹芳。司马懿出身士族大家，在明帝时期得到重用，凭借显赫的军功和家世成为魏国最有权势的大臣之一。曹爽想独揽大权，妄图打压司马懿的势力，因此他上表推举司马懿为太傅，解除了其兵权，明升暗降。司马懿于是暂时潜伏，暗暗等待时机积蓄力量。为了麻痹曹爽，他假装生病在家，有人来访的时候他就故意装出耳聋眼花的样子，使曹爽放松了对他的戒备。

高平陵之变

公元249年，曹芳前去高平陵（今河南洛阳东南）拜谒魏明帝陵寝，曹爽和其他宗室随驾前往。此时司马懿趁着都城内部空虚，以迅雷不及掩耳之势发动了政变，封锁了洛阳城。接着，他又迫使太后下令免除了曹爽的职务。曹爽进退失据，只得交出权力，随后被软禁起来。几天后，司马懿就以“阴谋反逆”的罪名杀死了曹爽和他的亲信。从此之后，司马家族掌握了曹魏的军政大权。这就是历史上著名的“高平陵之变”。

▼ 淮南三叛

▲ 司马昭权倾朝野

淮南三叛

司马家族夺权专政，引起了淮南地区一些地方势力的不满，先后爆发了三次反对司马氏的兵变，史称“淮南三叛”。第一次，太尉王凌起兵反对司马懿。司马懿率军征伐，由于实力相差悬殊，王凌很快就战败了，最后被司马懿逼死。司马懿病死后，他的儿子司马师继续执掌魏国大权，废黜了曹芳，改立曹髦为帝。公元 255 年，毌丘俭与文钦举兵讨伐司马师，司马师抱病出征，平定了叛乱，但在回朝途中死去。公元 257 年，魏征东将军诸葛诞联合东吴举兵反叛，司马昭率兵亲征。诸葛诞困守孤城，最终兵败被杀。

“司马昭之心，路人皆知”

面对司马昭的不断强大，皇帝曹髦感觉到严重的威胁。为了保住自己的皇位，这位年轻的皇帝决定放手一搏，他说：“司马昭之心，路人皆知。”随后，曹髦亲自率兵讨伐司马昭。当曹髦带着宫中的卫兵和武装起来的太监到达皇宫之后，太子舍人成济用长矛刺穿了曹髦的胸膛。当朝天子惨死宫中，引起了洛阳城的轰动。为了平悠悠众口，司马昭杀掉成济三族，另立曹奂为皇帝。此时，司马昭改朝换代的意图已经昭然若揭了。

天下分久必合

“天下大势，分久必合，合久必分。”

经过数十年的分裂割据，中国又将迎来短暂的统一。

▲ 姜维北伐

姜维对魏用兵

鞠躬尽瘁的诸葛亮去世后，蜀后主刘禅亲近小人，致使蜀国朝政腐败，政治黑暗。大将军姜维希望能够继承诸葛亮的遗愿，完成统一中原的大业，因此十余年间连年北上对魏用兵。然而，北伐大多无功而返，有时甚至还损伤惨重，大大消耗了蜀国国力，加速了蜀国的灭亡。此时的司马昭已经掌握了曹魏的大权，迫切想代魏自立。为了增加自己的政治资本，司马昭决定首先拿弱小的蜀汉开刀。

▼ 刘禅投降，蜀国灭亡

蜀汉的灭亡

公元 263 年，魏大将军司马昭派钟会、邓艾等率军十八万分道伐蜀。钟会由斜谷入汉中，姜维退守剑阁。邓艾是一位非常优秀的将领，他以奇兵从阴平道取江油，克涪县，攻杀蜀将诸葛瞻（诸葛亮之子），势如破竹，直逼成都。不久，邓艾兵临成都城下，惊慌失措的后主刘禅赶忙召集大臣商量对策，最终决定出城投降。至此，刘备和诸葛亮苦心经营几十年的蜀国宣告灭亡。

▲ 西晋水军

西晋统一全国

公元 264 年，孙皓继位，成为东吴统治者。那时蜀国刚刚被攻灭，吴国失去了上游的屏障，处境十分危险。孙皓残暴不仁，骄奢淫逸，东吴统治集团内部上下离心，百姓身处水深火热之中。公元 279 年，晋武帝大举伐吴，大将王濬率领水军从巴蜀顺江而下，旌旗蔽天，声势浩大。公元 280 年，王濬抵达吴国都城建业，孙皓投降，东吴灭亡。西晋结束了东汉末年以来的军阀混战局面，完成了统一全国的大业。

司马家族的胜利

攻灭蜀国后，司马昭因功进爵为晋王。公元 265 年，司马昭病逝，长子司马炎继任为晋王。不久，司马炎篡魏自立，国号“晋”，定都洛阳，史称西晋，司马炎就是晋武帝。晋武帝废除屯田制，实行占田制，并屡次劝课农桑，严禁私自招募佃客，促进生产发展。同时，他又下令修订新律法，并向全国招揽人才。到这时，司马炎大致完成了改制称帝的任务。

自相残杀的“八王之乱”

西晋建国之初，晋武帝认为曹魏之所以被司马氏篡夺，就是因为皇族子弟没有兵权。为了避免重蹈曹魏的覆辙，他于公元 265 年封宗室二十七人为王，并且允许他们掌控军队。司马炎认为有了众位皇族子弟的支持，司马氏的统治一定可以固若金汤。可是，事实真的如他所想吗？

▲ 愚钝的皇帝——司马衷

“傻子皇帝”司马衷

公元 290 年，晋武帝司马炎因病去世，终年 55 岁。他结束了东汉末年以来八十多年的纷乱局面，使社会经济得到恢复。但到了晚年，他沉溺女色，不理朝政，使朝纲紊乱，庸臣当道，为西晋的灭亡埋下了祸根。司马炎死后，他的儿子司马衷即位，是为晋惠帝。司马衷在历史上以昏庸无能著称。有一次，他在园子里听到了蛤蟆的叫声，就问随从：“这蛤蟆是为官家叫呢，还是为私家叫呢？”还有一次，听说很多老百姓被饿死，司马衷竟问：“百姓没有粟米吃，为什么不吃肉粥？”

贾后专政

司马衷继位以后，外戚杨骏独掌大权，骄横跋扈。虽然惠帝软弱无能，智力低下，但他的皇后贾南风却是个狠角色。公元 291 年，贾后与楚王司马玮合谋，杀杨骏亲族和党羽数千人，朝中的政权落到汝南王司马亮手中。贾后又假借惠帝的名义命令司马玮杀死了司马亮，接着诬陷司马玮矫诏，顺带杀了司马玮。此后，贾后独揽朝政。公元 299 年，为了长期掌权，贾后诬陷太子司马遹谋反，先把他贬为庶人，又把他处死。公元 300 年，赵王司马伦起兵攻入洛阳，杀死了贾后。次年，司马伦废晋惠帝，自立为帝。

八王之乱

司马伦篡位称帝后，尊晋惠帝为太上皇。齐王司马冏、成都王司马颖和河间王司马颙都坐不住了，他们联合起兵杀死了司马伦，并迎惠帝复位。司马冏入朝辅政，作威作福，引起大家的公愤。公元 302 年，司马颙起兵讨伐司马冏。洛阳城中的长沙王司马乂也举兵入宫，杀死司马冏，掌握了政权。公元 303 年，司马颙和司马颖又联合起来攻打司马乂。司马颙命部将张方率领精兵七万奔赴洛阳，司马颖也调动二十万大军围攻洛阳。司马乂率军抵抗，双方僵持不下。公元 304 年，洛阳城里的东海王司马越率兵捉住了司马乂并把他交给张方，司马乂被张方烧死。此后，成都王司马颖进入洛阳，不久后返回根据地邺城，遥控中央。东海王司马越率军队挟惠帝北上攻邺，大败而归，惠帝被俘。与此同时，司马颙派张方率军占领了洛阳。没多久，司马越的弟弟、并州刺史司马腾和幽州刺史王浚联兵攻破邺城，司马颖被迫挟惠帝出奔洛阳。张方迎回惠帝，转赴长安。公元 305 年，司马越从山东再次起兵，击败了司马颙，并先后杀死了司马颖和司马颙。公元 307 年，晋惠帝去世，司马炽被立为皇帝，是为晋怀帝，“八王之乱”到此方告结束。

▼ 八王之乱

西晋的灭亡

“八王之乱”中，东海王司马越虽然成了最后的赢家，但很显然，西晋的国力已经在战争中消耗得差不多了，百姓流离失所，国家满目疮痍。而此时，北方的少数民族蠢蠢欲动，正悄悄等待时机给这个摇摇欲坠的帝国最后一击。

少数民族内迁

东汉以来，各朝各代的统治者们为了补充内地的劳动力和军队，经常招引和强制西北边疆地区的少数民族迁徙到内地。此外，由于气候变冷，少数民族逐水草而居，也逐渐主动南迁。到了魏晋时期，少数民族迁徙活动更加频繁，人口也更多，主要有匈奴、鲜卑、羯、氐、羌五个民族。他们和汉族杂居，逐渐从游牧生活变成农业生活。西晋统治者强迫他们纳税服役，还强迫他们到战场上卖命，少数民族对西晋统治者的残酷统治非常怨恨，经常会发生一些反抗斗争。

匈奴刘渊起兵

刘渊是匈奴贵族，自幼学习经史兵法，一直居住在洛阳。西晋末年，各地的反晋起义不断发生，匈奴贵族觉得复兴大业的时候到了，于是推举刘渊为大单于准备起事。公元304年，刘渊回到左国城（今山西离石北）起兵反晋，不到二十天就发展了五万人。他打出“尊汉”的旗号，自称汉王，很多少数民族人和汉族人都前来归降，包括石勒、王弥等。公元308年，刘渊称帝，定都平阳。此后，他一方面加强中央集权，另一方面不断出兵，扩张势力。

▲ 匈奴攻破洛阳

永嘉之乱

公元310年，刘渊因病去世，刘聪杀太子刘和自立。刘聪派刘曜、王弥等人攻打河南诸州郡，洛阳岌岌可危。西晋真正的掌权者司马越却率领朝臣和大批军队离开了洛阳，留怀帝司马炽独守洛阳。公元311年，司马越在忧惧之中去世。匈奴大军再次围攻洛阳，晋军大败，死伤惨重，西晋宗室诸王四十八人一并被杀。六月，匈奴攻陷洛阳，俘虏晋怀帝，杀死了很多王公士民，还放纵士兵烧杀劫掠，焚烧宫庙。这就是著名的“永嘉之乱”。

西晋的灭亡

公元313年，刘聪将俘虏的晋怀帝和朝臣全部杀死。消息传到长安之后，司马邺被拥立为帝，他就是晋愍帝。当时，长安也异常残破，百姓生活困苦。公元316年，刘曜率领军队攻破长安，愍帝投降，西晋正式灭亡。此时，匈奴几乎控制了整个中原，各个民族先后在北方建立政权。

▼ 愍帝投降，西晋灭亡

北方的少数民族政权

西晋灭亡后，匈奴、鲜卑、羯、氐、羌等少数民族在北方先后建立了少数民族政权，战乱频繁，社会动荡，经济凋敝，民族矛盾十分尖锐，史称“十六国”。这到底是怎样一个时代呢？

前赵和后赵的恩怨

刘聪灭掉西晋以后，控制了黄河中下游的广大地区，采用“胡”汉分治的办法进行统治，百姓依然忍受着严重的剥削和压迫。公元318年，刘聪去世，大臣靳准发动政变。其后，刘曜自立为帝，派兵消灭了靳准的势力，然后迁都长安，改国号为“赵”，这就是“前赵”。前赵沿用了“胡”汉分治的办法，注意利用各族的上层，加强统治，传扬汉族文化，前赵的统治逐渐稳定下来。但刘曜急于统一北方，不顾国力频繁和石勒进行战争。

刘曜称帝后，追尊刘渊等祖先为帝。

将士们建议刘曜称帝。

▲ 刘曜称帝

▼ 石勒

石勒是羯族人，他是历史上唯一一位奴隶出身的皇帝。

石勒消灭前赵

石勒早年曾跟随刘渊南征北战，立下不少战功。刘曜称帝时，他率兵平定了靳氏家族的叛乱，然后派人去向刘曜报喜。刘曜本来打算封石勒为太宰，进爵赵王，却听信谗言，以为石勒是派人来窃取情报的，于是不再授予石勒官职。石勒知道后勃然大怒，从此脱离了前赵政权。公元319年，石勒在河北称赵王，建都襄国（今河北邢台），史称“后赵”。前赵和后赵水火不容，经常爆发战争。公元328年，双方决战，刘曜战败被擒杀。第二年，石勒攻灭前赵。公元330年，石勒正式称帝，后赵也成为能够和东晋对抗的大国。

石虎暴政和冉魏政权的建立

公元 333 年，石勒去世，太子石弘继位。次年，石勒的侄子石虎杀石弘，自立为帝，迁都邺城。石虎非常残暴，他荒淫好色，导致民不聊生。公元 349 年，石虎去世，政权由石虎的养孙冉闵控制。冉闵是汉人，他开展反胡羯斗争，共处死了二十多万羯人。公元 350 年，冉闵杀死石鉴，自立为帝，改国号为“魏”，史称“冉魏”。公元 351 年，冉闵攻灭后赵。第二年，慕容儁灭了冉魏政权，建立前燕。慕容儁死后，前燕的统治也日益腐败。

石虎是有名的暴君，却大力推崇佛教。

▲ 石虎

前秦统一北方

公元 351 年，就在前燕进入中原的时候，氐族首领苻健也建立了前秦。苻健减轻赋税，发展生产，优待士族，推崇儒学，国家欣欣向荣。苻健死后，其子苻生继位。苻生生性残暴，不得人心，在大臣的支持下，苻健的侄子苻坚杀苻生自立。苻坚任用汉人王猛进行改革，加强中央集权，前秦的实力日益增强。公元 370 年，苻坚消灭了北方的强敌前燕，公元 376 年又攻灭了前凉以及鲜卑拓跋氏建立的代国。至此，前秦基本统一了北方。

▼ 勇猛的前秦军队

前秦是中国历史上第一个统一北方的少数民族政权。

东晋的建立

北方政权更迭频繁，战乱连年不断。而在环境相对安定的南方，一个新的王朝诞生了，它就是东晋。东晋是一个怎样的朝代呢？

▼ 东晋第一位皇帝司马睿

在江南站稳脚跟

司马睿是依附于东海王司马越的远支宗王。西晋末年，他奉命去经营江南地区。在北方大族琅琊王氏家族的王导、王敦帮助下，司马睿树立了威信，在江南站稳了脚跟。有了王导兄弟的支持，司马睿的称帝之路变得顺风顺水。他积极拉拢南北方的士族，实力不断增强。这时，晋愍帝被围困在长安城，他向司马睿写了一封诏书，请他率兵勤王。而羽翼已经丰满的司马睿以江南战乱未平为借口拒绝出兵。公元316年，晋愍帝降于刘汉，西晋灭亡。

“王与马，共天下”

西晋灭亡的第二年，司马睿在建康即位称帝，建立东晋。司马睿能够从一个实力平平的小人物一跃成为皇帝，和王导兄弟的支持是分不开的。司马睿心里自然也明白。因此在登基那天，司马睿拉住王导，要和他同登御床，一起接受群臣的朝贺，表示自己愿意和王氏共有天下。王导极力推辞，司马睿才没有继续勉强他。东晋建国之初，王敦和王导两兄弟掌握着国家的军政大权二十余年，时人称“王与马，共天下”。

▼ 司马睿称帝，愿与王导共享天下

王敦与苏峻之乱

王氏兄弟掌握着东晋的军政大权，王敦更是掌握长江中上游军队，威胁到中央。司马睿对此十分不满，开始遏制王氏家族的势力。手握重兵的王敦于公元322年在武昌起兵造反，攻陷建康。不久，司马睿去世，晋明帝即位，王敦大权独揽。公元324年，王敦因病去世，叛乱得以平定。明帝死后，成帝司马衍继位，外戚庾亮掌权。庾亮以历阳内史苏峻轻视朝廷、心怀异心为由，企图解除苏峻的兵权。苏峻知道之后便以讨伐庾亮为名起兵造反，于公元328年攻陷了建康。公元329年，荆州刺史陶侃等人率军平定了苏峻之乱。

▲ 晋军与叛军对战

桓温北伐

庾氏之后，桓温掌权，先后三次发起北伐。公元354年，桓温率军四万进攻关中，讨伐前秦苻健，进军霸上。但晋军粮草不足，只好退兵。公元356年，桓温第二次北伐，打败羌族首领姚襄，收复了洛阳。但是东晋朝廷只求苟安于江南，并不想北还，桓温只好再次南归。公元359年，中原被慕容氏的前燕政权所占领。公元369年，桓温第三次北伐，结果被前燕慕容垂打得溃不成军。桓温败归后，收复的淮北地区又被占领，桓温北伐最终以失败告终。

▶ 连连失利的桓温

前秦和东晋的大战

▲ 谢安誓师出兵

前秦逐步统一了北方，与南方的东晋王朝隔江相望。此时的前秦虽然军事实力很强，但因为新征服了很多地区，统治还不是很稳定，经济也跟不上。而苻坚已经被所取得的巨大胜利冲昏了头脑，执意要攻打东晋。

草木皆兵

公元 383 年，苻坚不顾群臣的反对，大举攻晋。东晋得到消息后一阵慌乱，但宰相谢安却临危不乱，他令弟弟谢石为大都督、侄儿谢玄为前锋都督率军应战。这年十月，苻融攻下寿阳，苻坚派东晋降将朱序去晋营劝降谢石。朱序私下建议谢石速击秦军，于是刘牢之奇袭洛涧，斩杀一万多秦军。接着谢石水陆并进，屯兵在淝水东岸，与前秦军队隔水相望。苻坚从寿阳往下望去，看到晋军队伍严整，又看到远处山上的草木在晃动，以为全都是晋兵，不由得心生惧意。

以少胜多的淝水之战

谢玄派人去到苻融营里，要求秦兵稍退一点，好让晋军能够渡河决战。苻坚和苻融打算趁着晋兵渡河的机会突然出击，于是答应了谢玄的要求。等到晋军开始渡河时，苻坚下令秦军后撤。朱序趁机在后面大喊：“秦军败了！秦军败了！”秦军一听，阵势大乱，四散溃逃。而晋军在此时迅速渡河发起猛攻，苻融想重整队列，结果在乱军之中落马被杀。秦军群龙无首，溃不成军，死伤惨重。淝水之战是我国历史上以少胜多的著名战役。

前秦瓦解后的分裂

淝水之战后，前秦元气大伤。不久，苻坚被羌族将领姚苌杀死，前秦随即瓦解，刚刚统一没多久的北方又陷入分裂和动荡之中。此后北方黄河流域先后建立了多个政权，有鲜卑慕容氏建立的后燕、西燕和南燕，有姚苌建立的后秦，还有西秦、后凉、北凉、南凉、西凉等多个国家。百姓们在连年的烽火中期盼着和平与统一。

▼ 孙恩、卢循起义

孙恩、卢循起义

淝水之战后，谢安的威望和权力进一步提升，这引起了孝武帝的猜疑。于是谢安被迫离开朝廷，朝政由孝武帝的弟弟司马道子掌握。孝武帝死后，安帝继位，司马道子更加为所欲为，朝政腐败不堪。当时东晋对农民的剥削十分严重，五斗米道首领孙恩在公元 399 年聚众反晋。但孙恩屡战屡败，于公元 402 年投海自杀。他的妹夫卢循接替了孙恩的位置，仍然不断进攻沿海郡县，但都被打败。公元 411 年，卢循兵败后投水自杀，起义最终失败。在镇压起义的过程中，北府兵将领刘裕渐渐崛起。

▼ 淝水之战

▲ 刘宋王朝

刘裕小名寄奴，辛弃疾词中“斜阳草树，寻常巷陌，人道寄奴曾住”中的“寄奴”指的就是他。

南朝的更迭

东晋灭亡后，南北分裂割据局面依然在继续，南方先后出现了宋、齐、梁、陈四个短命的王朝。它们虽然都非常短暂，但也为华夏文明的发展做出了不可磨灭的贡献。

刘宋王朝的兴亡

公元420年，刘裕废掉东晋恭帝，自立为帝，国号“宋”，后世称为“刘宋”。刘裕出身贫寒，深知民间疾苦，所以他废除苛捐杂税，让百姓休养生息发展生产。可惜他只做了两年皇帝就病死了。随后，宋少帝、宋文帝相继即位。文帝在位三十年，基本延续了刘裕的治国方略，使南方出现了社会安定、经济发展的繁荣局面，史称“元嘉之治”。文帝去世后，孝武帝、明帝先后继位。他们一个比一个昏庸残暴，在此期间，大权逐渐落到禁军将领萧道成手中。公元479年，萧道成灭宋建齐，刘宋宣告灭亡。

短命的南齐

萧道成吸取了刘宋灭亡的教训，以宽厚为本，提倡节俭。萧道成在临死前，他要求儿子萧赜继续以宽治国，不要手足相残。萧赜继位后遵照父亲的遗言继续发展内政，南齐出现了一段相对稳定发展的阶段。武帝死后，王室内部互相攻杀。公元502年，雍州刺史萧衍攻入建康，改国号为“梁”，他就是梁武帝。

▲ 佛家天子——梁武帝

笃信佛教的梁武帝

梁武帝萧衍在位四十八年，是南朝时在位时间最长的皇帝。在统治初期，他笃信佛教，好几次要去出家当和尚，大臣们只好拿出巨资捐给寺院，把他赎回来。在他的支持下，佛教在这一时期达到全盛，寺院占有大量的田地与劳动力，百姓却生活中水深火热之中。公元 548 年，降梁的东魏大将侯景倒戈，第二年侯景攻陷台城。梁武帝饿死于城中，梁朝政权被侯景掌握，梁朝已经处于崩溃的边缘。

南朝的最后一个朝代

陈霸先出身寒门。侯景之乱爆发后，陈霸先率军战胜了各地的割据势力，壮大了自己的力量。公元 552 年，陈霸先在建康攻杀侯景。在这个过程中，陈霸先也逐步掌握了梁朝的政权。公元 557 年，陈霸先废梁称帝，国号陈，是为陈武帝。此时的南方经过长期战乱，经济遭到了严重的破坏，而各方割据势力仍然强大。陈武帝去世后，继位的文帝、宣帝虽然也称得上有为之君，但是因为国力太弱，不能完成统一大业。公元 582 年，后主陈叔宝即位。此时北方已被隋朝统一，全国的统一已经指日可待了。

▼ 朝代更迭，战事四起

北魏孝文帝改革

南方经历了宋、齐、梁、陈四个朝代的更迭，同时期的中国北方在战乱的烽火之中也建立了很多政权。经历过多次分分合合之后，鲜卑族拓跋氏统一了黄河流域，北朝由此产生。

◀ 拓跋珪开国

拓跋氏的崛起

公元 338 年，拓跋什翼犍称代王，效仿中原，设置百官，并制定法律。公元 376 年，前秦的苻坚率领二十万大军进攻代国，代国灭亡。淝水之战后，什翼犍的孙子拓跋珪收集旧部，于公元 398 年定都平城（今山西大同），建立北魏政权。拓跋珪死后，明元帝拓跋嗣、太武帝拓跋焘相继即位。拓跋焘在位时进行了一系列军事活动，统一了黄河流域，与刘宋王朝形成对峙。

孝文帝迁都洛阳

公元 490 年，北魏孝文帝拓跋宏开始亲政，随后开始了大刀阔斧的汉化改革。当时北魏的都城在平城，位置偏僻，与鲜卑故土比较相近，保守势力比较强大，阻碍北魏的发展。因此，孝文帝改革的第一件大事就是迁都洛阳。为了减少改革的阻力，孝文帝亲率大军南伐。大军到达洛阳时正值秋雨绵绵，大臣们都不想再进军了，劝孝文帝回师。而孝文帝则表示，要么继续南伐，要么定都洛阳。虽然大臣们不想迁都，但更不愿南伐，只得同意迁都。

▼ 孝文帝迁都

▲ 孝文帝改革

北魏的汉化政策

迁都洛阳后，孝文帝又实行了一系列改革措施。他下令：禁止穿胡服，统一改穿汉服；禁止说鲜卑话，以汉语为通行语言；禁用鲜卑姓氏，改为汉姓，皇族的拓跋氏改为元氏。他还改定官制、律令，并提倡与汉人士族联姻。太子元恂反对改革，趁孝文帝外出奔往故都平城，结果被废为庶人，后被毒杀。此后，反对改革的声音就越来越少了。经过孝文帝的大力改革，北魏在政治、经济、文化等领域取得了长足的发展。

六镇起义

孝文帝死后，北魏的统治逐渐趋于腐败，各地起义风起云涌。北魏建国之初，为了防止柔然的进攻，在北方设置了六个军镇。最初六镇十分受重视，但是随着迁都洛阳和柔然的衰落，六镇失去了原有的重要性，戍边将士的地位一落千丈。公元 523 年，怀荒镇发生了饥荒，士兵要求开仓发粮，被镇将拒绝，愤怒之下的军民便杀了镇将。沃野镇匈奴人破六韩拔陵又发动起义，很快就占领六镇。面对声势浩大的六镇起义，北魏统治者束手无策，竟然和宿敌柔然勾结在一起，对起义军进行残酷镇压。公元 525 年，六镇起义被镇压下去，但各地的起义依然接连不断。

▼ 军镇饥荒，士兵起义

北朝的分立

六镇起义为北魏的统治敲响了丧钟。在镇压起义的过程中，一些手握重兵的军阀迅速崛起，不断割据壮大，轮番登上历史舞台。

▲ 河阴之变

河阴之变

公元 528 年，北魏胡太后毒死了孝明帝，立年仅 3 岁的元钊为帝。不久，在镇压六镇起义中发展壮大的尔朱荣进军洛阳，立元子攸为帝，是为孝庄帝。接着，他派人把胡太后和元钊沉入黄河，又杀朝廷各级官员两千余人，史称“河阴之变”。此后尔朱荣大权独揽，专横跋扈。孝庄帝对他越来越看不惯，于公元 530 年伏兵杀尔朱荣。尔朱荣的侄子尔朱兆起兵攻陷洛阳，杀死了孝庄帝，另立元恭为帝。此时的北魏已经成为尔朱氏的天下。

高欢和宇文泰的斗争

高欢曾经是尔朱荣的手下，尔朱荣死后他赢得了尔朱兆的信任，得以统领六镇的降兵。随着势力不断壮大，高欢于公元 531 年进军河北，与尔朱兆决裂。第二年，高欢击败了尔朱兆，随后，进入洛阳，另立元脩为傀儡皇帝，成为北魏的实际统治者。高欢大权独揽，与元脩的矛盾日益激化。534 年，元脩奔赴长安投奔宇文泰。高欢又拥立年仅 11 岁的元善见为帝，迁都邺城，建立东魏。宇文泰毒死了前来投奔的孝武帝，改立元宝炬为帝，建都长安，史称西魏。

▼ 沙苑之战

北齐和北周的建立

东、西魏分裂之后，高欢和宇文泰之间进行了长达十几年的战争，给人民带来无尽的灾难。公元 550 年，高欢之子高洋废东魏主自立，建立北齐政权，是为齐宣帝。公元 557 年，宇文泰的儿子宇文觉取代西魏，建立了北周政权。北周主要占据关中地区，位置比较偏僻，国家也很贫弱。而北齐控制着山西、河北、山东、河南等广大地区，势力较为雄厚。但北齐统治者腐败贪婪，互相残杀，开国之君高洋荒淫暴虐，后主高纬不理朝政，大量农民失去土地，被迫流离迁徙，农民起义连绵不断，北齐的灭亡已经近在眼前。

▲ 高洋祭天称帝

周武帝的雄才大略

北周建立之前，宇文泰已经开始进行改革。公元 560 年，武帝宇文邕即位，他雄才大略，在位期间继续推行改革，发展农业，废除佛教，使北周国力显著增强。公元 576 年，周武帝出兵伐齐，双方在平阳决战，北齐一败涂地。第二年，邺城陷落，北齐灭亡。周武帝是一个有能力一统天下的君主，但可惜的是灭齐之后不久他就因病去世了，即位的宣帝宇文赟荒淫无度，在位仅仅两年就去世了。此后，北周的大权便落到了外戚杨坚手中。

▶ 周武帝

书法和绘画

魏晋南北朝时期，儒学礼教地位有所动摇，人们的思想得到一定程度的解放，书法和绘画都取得了辉煌的成就。

楷书大家——钟繇

钟繇字元常，出身于名门望族。东汉末年，他被举为孝廉，任黄门侍郎。曹魏建立以后，钟繇颇受信任，称得上是曹魏的元老级别的人物，官至太傅，人称“钟太傅”。钟繇曾跟随众多书法名家学习，擅长多种字体。他博取众长，创立了楷书，此后楷书逐渐取代了隶书，成为中国通行的字体。钟繇的书法结体繁茂，浑然天成，对中国书法有划时代的意义。

◀ “楷书鼻祖”——钟繇

钟繇擅长篆、隶、真、行、草等多种书体。

“天下第一行书”

王羲之出身琅玡世家大族，是东晋司徒王导的侄子。他曾任右军将军，世称“王右军”。王羲之先拜卫夫人为师学习书法，后博采众长，精通各种字体，尤擅楷书和行书。王羲之的书法风格流畅随性，改变了汉魏以来的质朴书风，把书法艺术推向新的高度，他被后世誉为“书圣”。他的儿子王献之也在书法上颇有成就，人们将其父子合称为“二王”。在王羲之的传世作品中，《兰亭集序》最为著名，被称为“天下第一行书”。

王羲之字逸少。

◀ 王羲之父子

魏晋绘画艺术的高峰——顾恺之

顾恺之是东晋绘画的代表人物。他出身士族高门，多才多艺，有“三绝”（“才绝”“画绝”“痴绝”）的称号。顾恺之擅长画肖像，他认为绘画妙在传神，要“以形写神”。据说他为建康瓦官寺画《维摩诘》壁画，当众为画像点睛，结果寺院在三天之内就募银百万两，轰动一时。顾恺之还总结了汉魏以来的绘画经验，对后世的画作和绘画美学思想的发展产生了很大的影响，把传统绘画向前推进了一大步。

▲ 顾恺之与《女史箴图》（局部）

现存的《女史箴图》是唐代的临摹本，现收藏于大英博物馆。

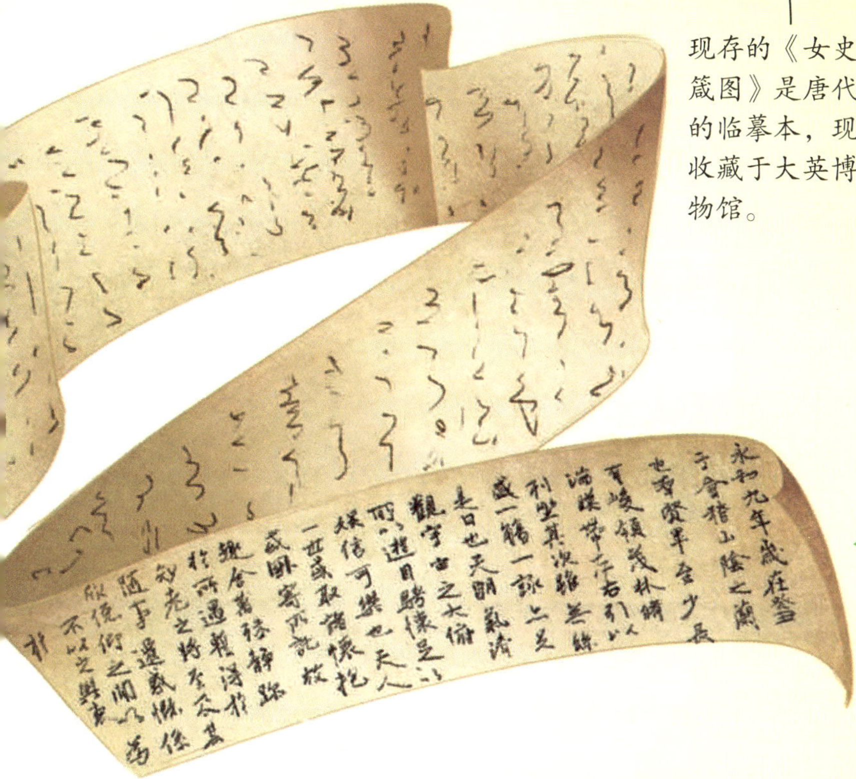

◀《兰亭集序》

精美的佛寺壁画艺术

两汉时期，佛教从印度传到中国。在统治者的大力提倡下，佛教获得了迅速发展。东晋时期，寺院数量有1700多所。北魏迁都洛阳后，全国佛寺三万余所。在这个过程中，佛寺石窟壁画艺术逐渐发展到巅峰。北朝开凿了大量的佛窟，其中最具代表性的是敦煌莫高窟北朝石窟。敦煌莫高窟始建于十六国的前秦时期，在北朝时期得到进一步补充完善，这一时期的壁画题材主要是佛说法图、佛传故事、佛本生故事、各类姻缘故事及供养人像。画匠们在遵循佛教图本绘饰壁面的同时，不断加入个人的理解和想象，使外来的佛教艺术逐渐中国化，最终和中原文化融为一体。

▼ 敦煌莫高窟北朝石窟壁画（局部）

文采风流

由于思想的解放和社会的变动，魏晋南北朝时期的文学也获得了很大的发展，出现了很多文采风流的人物。

曹植七步成诗

曹植字子建，父亲是曹操，哥哥是魏文帝曹丕。曹植从小才华横溢，他的诗歌在数量和质量上都超过了同时代的文人。早年间，曹植生活安定，因此诗风雄健刚劲，意气风发，如《白马篇》《名都篇》等。曹丕称帝后，想除去曹植这根眼中钉。有一天，他让曹植在七步之内以"兄弟"为题写出一首诗来，否则就要将他杀掉。才华横溢的曹植在七步之内写下这首《七步诗》："煮豆燃豆萁，豆在釜中泣。本是同根生，相煎何太急！"曹丕听后很是惭愧，便赦免了他。

建安风骨

东汉末年建安年间，出现了一大批才华横溢的文学家，其中有代表性的有"三曹"——曹操、曹丕和曹植，还有"建安七子"——孔融、王粲、刘桢、阮瑀、徐干、陈琳、应玚。由于时代动荡，社会颓靡，当时的文学风格大多慷慨悲凉，有思想、有深度，这便构成了建安文学的时代风貌，被称为"建安风骨"。

▲ 建安七子

▼ 曹植作诗

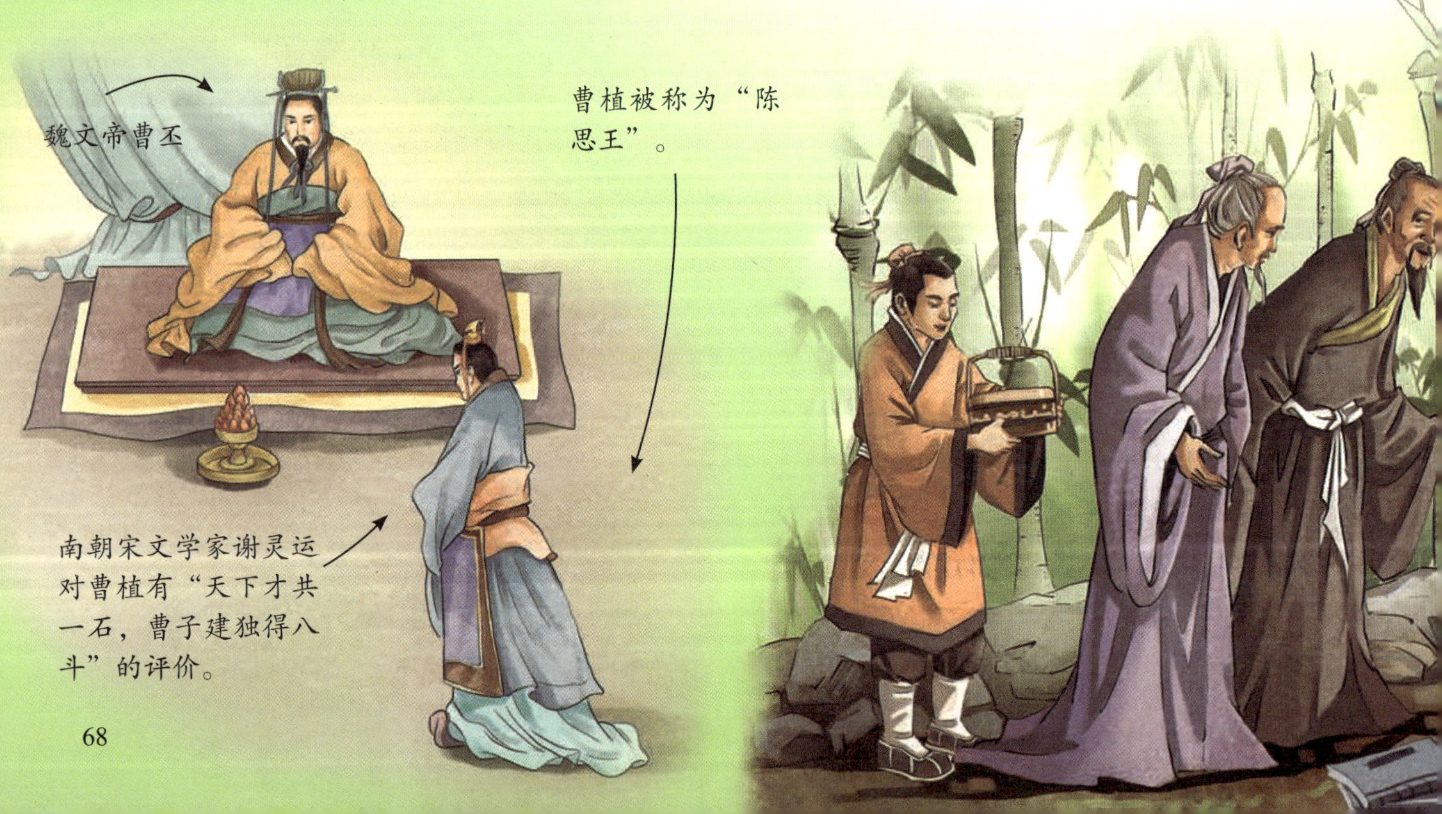

竹林七贤

高平陵之变以后，当权的司马氏集团一边提倡名教，一边残酷地排除异己，加紧篡夺曹魏政权。这引起社会上一些名士的不耻，嵇康、阮籍、山涛、向秀、刘伶、阮咸和王戎便是其中的代表人物。他们经常聚集在山阳（今河南修武）的竹林之下肆意酣畅，因此被称为“竹林七贤”。他们大都崇尚老庄之学，生性放达，不拘礼法，随性洒脱。“竹林七贤”的文学成就也很突出，如嵇康的《与山巨源绝交书》以老庄崇尚自然为论点，表明了自己的政治态度，在当时颇负盛名；阮籍诗《咏怀》以比兴、寄托等手法，讽刺了虚伪的礼法之士，对后世有深远影响。

北朝民歌《木兰诗》

木兰是北朝时期替父从军、保卫家国的女英雄。在战场上，她女扮男装，和男子一样久经沙场，还建立了一番功业。但当朝廷论功行赏要赐给她官爵的时候，她却拒不接受，表现出纯朴高洁的胸襟。北朝民歌《木兰诗》讲的就是她的故事。《木兰诗》是长篇叙事民歌，风格刚健古朴，语言精练，描写细致入微，表现了民歌的艺术特点，对后世有很大的影响。

▶ 花木兰

▼ 竹林七贤

史学与地理学

魏晋南北朝时期私家修史之风盛行，出现了很多史学名著。此外，地理学专著也有出现，呈现出繁荣发展的态势。

司马彪与《续汉书》

司马彪是河内温县（今河南温县西）人，西晋宗室，史学家。他见东汉时期的史籍记述繁杂，还有很多欠缺，便撰写了《续汉书》80卷，记载了从汉光武帝刘秀到汉献帝刘协近两百年的东汉史事，分为纪、志、传。刘宋时范晔所著的《后汉书》问世后，司马彪的《续汉书》逐渐被淘汰。但由于范晔很早就去世了，《后汉书》中的“志”还没有写成，司马彪的《续汉书》的志便被纳入《后汉书》中流传下来。

陈寿与《三国志》

陈寿是巴西安汉（今四川南充北）人，从小就聪敏好学。他初仕蜀汉，蜀汉灭亡后，后仕于西晋。公元280年西晋灭吴后，陈寿搜集魏、蜀、吴三个国家的史料，写成了《三国志》一书。《三国志》共有65卷，以曹魏为正统，《魏书》列于全书之首，对魏的君主称“帝”，而对吴、蜀只称“主”。《三国志》取材严谨，文笔精练，记事真实，后世称之为“裁制有余，文采不足”。南朝宋的史学家裴松之为《三国志》作注，弥补了其记载简略的缺陷。长篇小说《三国演义》正是取材于《三国志》。

▼ 司马彪

▼ 陈寿

中国最早的历史地图集

在公元 270 年左右，西晋裴秀创制了《禹贡地域图》18 篇，这是我国目前有文献可考的最早的历史地图集。裴秀在序言中提出了“制图六体”（编制地图的六项原则），包括分率、准望、道里、高下、方邪、迂直。裴秀还认为六体必须综合运用，互相参考，这样才能绘制出能够反映实际面貌的地图。这大大提高了当时的绘图技术，为中国传统地图奠定了理论基础，裴秀也被认为是中国传统地图学的奠基者。

▲ 裴秀

《水经注》是古代中国地理名著。

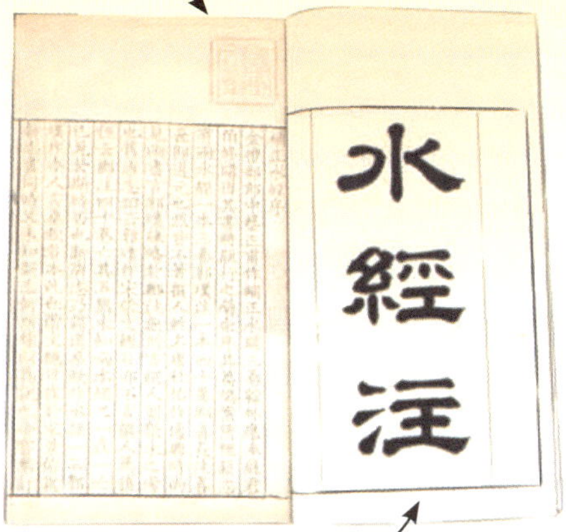

郦道元与《水经注》

郦道元，范阳涿县（今河北涿州）人，北魏地理学家。他好学博闻，广览奇书。为了考察河道的变迁和城市的兴废等地理状况，他的足迹遍及全国各地。《水经》是中国第一部记述全国河道水系的著作，郦道元以此为提纲，通过搜集文献和实地调查，注录了全国一千多条大小河流的走向和源流经历，还记述了沿岸的山川景物和故事传说，是我国古代山水散文的佳作。

《水经注》所征文献涉及历史学、考古学、民俗学、地理学、文学、金石学等多个领域。

裴秀被称为“中国科学制图学之父”。

▼ 郦道元与《水经注》

郦道元是中国游记文学的开创者。

科技成就

魏晋南北朝时期的科学技术也有显著的发展和进步，在数学、农学、医学等领域都超过了以前的发展水平。

刘徽是魏晋时期伟大的数学家，他是中国古典数学理论的奠基人之一。

▲ 刘徽

刘徽注《九章算术》

刘徽是魏晋时期伟大的数学家。公元 263 年，他为《九章算术》做注。《九章算术》成书于汉朝，书中系统总结了先秦至东汉初年的数学成就，但是内容太过简略。为了弥补这个不足，刘徽决定为这本书做注解，写成《九章算术注》。他在书中进一步完善了正负数概念，还首创割圆术来计算圆周率，并求得圆周率为 3.1416。

祖冲之与圆周率

祖冲之，范阳遒县（今河北涞源北）人，南朝宋、齐之际杰出的科学家。他在数学、机械制造和天文历法方面都有不俗的成就，其中最突出的就是他在前人的基础上算出圆周率在 3.1415926 和 3.1415927 之间，是世界上第一个把圆周率精确到小数点后第七位的人，比欧洲早近千年。为了纪念他的贡献，人们把祖冲之计算出的圆周率密率称为“祖率”。

▼ 正在计算的祖冲之

贾思勰与《齐民要术》

贾思勰是齐郡益都（今山东寿光）人，北魏农学家。曾经担任过高阳太守的他所著农书《齐民要术》一共有10卷，共92篇。该书内容极为丰富，涉及农、林、牧、副、渔等。《齐民要术》系统总结了秦汉以来我国黄河流域的农业科学技术知识，反映了我国北方的农业生产技术水平，是我国现存最早和最完整的农学名著。

▼ 杰出农学家——贾思勰

▼ 正在诊脉的王叔和

王叔和与《脉经》

王叔和是魏晋时期的名医，他学识渊博，洞识养身之道，精于切脉诊病，任西晋太医令。王叔和著有《脉经》10卷，系统总结了西晋以前的脉学经验，详细辨析了三部九候诊脉法，并结合临床实际将脉象归纳为24种。《脉经》是现存最早的脉学专著，具有极强的实用价值，奠定了脉学的理论基础。

A BRIEF HISTORY OF CHINA FOR CHILDREN

中国简史

少年简读版 ③

毛瑞方◉主　编

青岛出版集团 | 青岛出版社

图书在版编目（CIP）数据

中国简史：少年简读版．3／毛瑞方主编．— 青岛：青岛出版社，2024.1
ISBN 978-7-5736-1754-5

Ⅰ．①中… Ⅱ．①毛… Ⅲ．①中国历史—少年读物 Ⅳ．① K209

中国国家版本馆 CIP 数据核字 (2023) 第 226713 号

ZHONGGUO JIANSHI（SHAONIAN JIANDU BAN）

书　　名	**中国简史**（少年简读版）
主　　编	毛瑞方
出版发行	青岛出版社（青岛市崂山区海尔路 182 号）
本社网址	http://www.qdpub.com
责任编辑	李康康
助理编辑	张　鑫
封面设计	刘　帅
排　　版	青岛艺鑫制版印刷有限公司
印　　刷	青岛新华印刷有限公司
出版日期	2024 年 1 月第 1 版　2024 年 1 月第 1 次印刷
开　　本	16 开（889mm×1194mm）
印　　张	20
字　　数	400 千
书　　号	ISBN 978-7-5736-1754-5
定　　价	136.00 元（全四册）

编校印装质量、盗版监督服务电话　4006532017　0532-68068050

前言

PREFACE

历史，是一本有趣的百科全书。每个时期，都会有人把自己所经历的事情记录下来，即便是在茹毛饮血的原始时代，也有刻画在墙上或石器上的生活场景。

我们所知道的历史，并不完全是它本来的样子，我们也无法通过某一本史书洞悉几千年历史发展的来龙去脉。尽管如此，历史的意义仍然不容小觑。“以史为镜，可以知兴废”，历史中有跌宕起伏的故事，有薪火相传的文明，有世事变迁的规律，有带领人们向前发展的力量。

大约 170 万年前，元谋直立人就生活在中华大地上了，就此我们看到了中华文明的萌芽。经过漫长的积淀，文明之火在这片东方大陆上点燃。自建立君主制以来，从分裂割据到王朝统一，从鼎盛到低谷、再从没落到崛起，中华民族在历史的滚滚洪流中不屈不挠、不断向前，缔造了群星闪耀、光辉灿烂的历史天空。

我们撷取中国历史的重要里程，编写了《写给孩子的中国简史》，从史前时代讲到夏商西周，从春秋战国说到秦汉、三国、两晋南北朝、隋唐、五代十国、宋元明清……本书将波澜壮阔的历史用简洁而详实的文字叙述，用精美而多彩的画作描绘，希望小读者能掌握中国历史的大致面貌，探寻历史演进的规律。

目录

CONTENTS

第一章
隋唐盛世

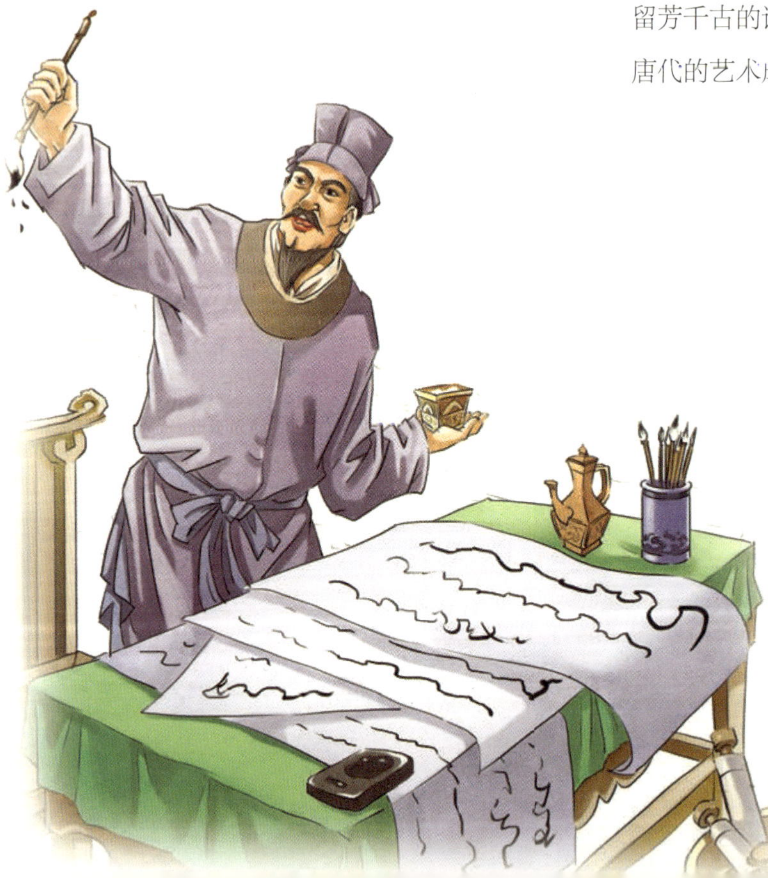

第二章
大宋时空

第三章
元朝

第一章

隋唐盛世

杨坚建立隋朝后消灭了南方的陈朝，结束了自西晋末年以来 270 多年的政治分裂，建立了一个强大的帝国。但继位的隋炀帝爱慕虚荣，穷兵黩武，很快就耗尽了隋文帝留下的家底。各地不断爆发起义，隋朝的统治迅速瓦解。接着，唐朝顺势建立，中国又逐渐进入一个统一强盛的时期，在当时的国际上也有着重要影响。“安史之乱”后，唐朝元气大伤，从此一蹶不振，唐朝的盛世也一去不返了。

▲ 杨坚

隋王朝的建立

隋朝是中国历史上一个富强的统一王朝，它结束了长期以来纷乱的割据局势，使中国重归统一。但它又非常“短命”，仅仅存在了 37 年就亡国了。它的建立者是谁呢？为什么又会如此“短命”呢？

隋文帝建国

杨坚出身在一个军功显赫的家庭，他的父亲杨忠为北周的随国公。公元 568 年，杨忠因病去世，杨坚继承父爵，后晋封为柱国大将军。公元 578 年，周宣帝即位。他为人奢侈残暴，整日沉迷酒色，不事朝政，在位仅一年就把皇位传给年仅 7 岁的宇文衍，自己舒舒服服地当起了太上皇。公元 580 年，宣帝病死，宇文衍年幼，杨坚掌握着北周朝政。杨坚先后平定了各地叛乱，诛杀周室诸王，于公元 581 年代周称帝，建立了隋朝，他就是隋文帝。

北击突厥

隋朝建立以后，江南的陈朝和漠北的突厥仍然割据一方，隋文帝首先把目光瞄向了北方的突厥。隋初，突厥经常侵犯隋朝的地界。隋文帝一边组织军队应战，一边采纳大将长孙晟的建议，派遣使臣联络西突厥的达头可汗，并于公元 583 年兵分八路打败了东边的沙钵略可汗，使得突厥分裂为东突厥和西突厥。公元 585 年东突厥沙钵略可汗遣使臣服。就这样，隋文帝解除了后顾之忧。

▼ 匈奴向隋朝称臣

南灭陈朝

公元 588 年，隋文帝下诏伐陈，派晋王杨广率领五十多万大军南下。此时的陈朝政治腐朽、赋税严苛、刑法残暴、民不聊生，而陈后主整日纵情声色，不理朝政，面对强大的隋军也不做战备，妄想依靠长江天险来阻隔隋军的进攻。公元 589 年，隋吴州总管贺若弼率军从广陵直渡长江，庐州总管韩擒虎也轻松攻下采石。这时，陈后主才意识到大事不好，于是赶紧召集大臣商量对策，但这已经改变不了什么了。隋军所到之处，陈朝军队皆闻风而逃，一击而溃，还有许多将士去投靠隋军。很快，隋军攻下陈朝都城建康。陈后主被捕，陈朝灭亡。

开皇之治

隋文帝北击突厥，南伐陈朝，完成了统一南北的大业。但此时国家一片凋敝，百姓生活悲惨。为此，隋文帝实施了很多发展生产、振兴经济的政策。他宣布轻徭薄赋，体恤民情，并且颁布《开皇律》，废除了前朝的严刑峻法。在军事上，他改革府兵制，实行兵农合一。在生活上，他提倡节俭，拒绝铺张浪费。隋文帝平时衣食俭朴，也不许后妃及子女穿华丽的衣服。在隋文帝的治理下，开皇年间隋朝呈现出日益强盛的局面，史称“开皇之治”。

▲ 太子被贬

隋炀帝穷兵黩武

隋炀帝杨广是隋文帝的次子，也是隋朝的第二位皇帝。他在位期间大兴土木，穷兵黩武，给百姓带来了沉重的负担。有人说他功大于过，也有人说他过大于功。让我们一起走进隋炀帝的人生，了解他的功与过。

杨广登上帝位

隋文帝与独孤皇后一共有五个儿子，长子杨勇被立为太子，次子杨广被封为晋王。最初，隋文帝对杨勇寄予了厚望，希望他能承担起家国大业。但杨勇生性好色，生活奢侈，导致隋文帝和独孤皇后愈发失望。而杨广是一个非常有心机的人，为了争夺太子之位，他故意装出行事节俭、不纳妻妾的样子。因此，隋文帝心里的天平逐渐倾向了杨广。公元 600 年，隋文帝下诏将杨勇贬为庶人，立杨广为太子。公元 604 年，隋文帝死，杨广登上帝位，开始了他的帝王生涯。

营建东都洛阳

杨广登上帝位后，就开始进行一系列大规模的建设。他认为大兴（今陕西西安）太偏远，不能起到政治中心的作用，而洛阳地处天下之中，易守难攻，方便国家的统治。于是，他于公元 605 年下令开始营建东都。这项工程十分浩大，每月被派去的劳役壮丁多达两百万人，他还命令各州的几万户富商大贾搬到新都居住。在营建东都的同时，隋炀帝还命人在新都附近修建了避暑的宫殿——显仁宫。隋炀帝命人搜寻大江南北的奇木异石、珍禽异兽运到洛阳，用来装饰宫殿和玩味赏乐。

▼ 繁重徭役下，百姓困苦

▲ 开通大运河

修建大运河

公元 605 年，隋炀帝下令征发河南诸郡百余万的劳力去修建通济渠，又征发淮南地区十余万民众去修整、扩大山阳渎。608 年，隋炀帝又征发河北地区一百余万的民夫去开挖永济渠，与此同时还要征兵频繁发动对外战争。由于需要的劳役过多，社会上出现了男丁不够用，派妇女充劳役的情况。公元 610 年，隋炀帝又命人开通江南河。到这时，以洛阳为中心，北起涿郡，南到余杭，近两千千米的大运河正式完成。大运河的修建，沟通了南北的经济文化交流，对后世产生了深刻的影响，但繁重的徭役也给老百姓带来了诸多的痛苦。

三次东征高丽

隋炀帝时期，高丽成为东北地区一个较大的国家。由于高丽王没有入朝见隋炀帝，引起了炀帝的不满，公元 612 年，隋炀帝率领一百余万大军出征高丽。由于长途奔波且粮草不继，加上不适应当地的地理环境，隋军大败而归。第二年，隋炀帝再次征伐高丽。随着礼部尚书杨玄感反叛的消息传来，隋炀帝只好下令班师回朝平定叛乱。叛乱很快就被平息，但战后的隋朝急需休养生息。隋炀帝却一刻都等不了，于 614 年再发大军东征高丽。此时高丽也已经被隋炀帝搞得疲惫不堪，于是向隋朝提出投降，杨广就此撤军。

▼ 隋炀帝御驾亲征

隋朝末年的变乱

隋炀帝的横征暴敛和穷兵黩武给人民带来了无尽的苦难，繁重的徭役严重超过了百姓的承受程度。而隋炀帝却不知克制，甚至还变本加厉。百姓不堪重负，各地的农民起义此起彼伏。

此起彼伏的农民起义

隋朝末年，河南、山东一带的水灾、旱灾接连不断，人们食不果腹，衣不蔽体，还要承受政府的各项剥削。各地纷纷爆发起义，形成了三支规模较大的起义部队，分别是河南地区李密领导的瓦岗军、河北地区窦建德领导的起义军以及江淮地区杜伏威和辅公祏领导的起义军。611 年，翟让在瓦岗寨（今河南滑县）揭竿而起，山东、河南等地的农民纷纷响应。在李密的协助下，瓦岗军势如破竹，实力越来越强。由于杰出的军事才能，李密被翟让和其部众推为首领，称为魏公。后来，李密和翟让逐渐产生嫌隙。李密为了彻底掌握权力，杀掉了翟让和其亲信，使起义军军心不稳，军队的战斗力也因此削弱。

▼ 隋末农民起义军——瓦岗军

隋炀帝的死期

隋炀帝不顾各地的农民起义，第三次巡游江都。到达江都后，王世充挑选了一百多位江淮美女供他淫乐，于是炀帝整日饮酒狂欢，醉生梦死。在面对天下大乱的局面时，隋炀帝心里也十分惧怕。有一次他摸着自己的脖子对萧皇后说："好头颈，谁当斫之？"北方战乱频繁，隋炀帝无心北还，想要定都丹阳（今江苏南京），但随驾的士兵大多都是关中人，他们内心非常想家，迫切想北归。很多士兵都在私底下悄悄逃走，并且屡禁不止。公元 618 年，武贲郎将司马德戡害怕受到牵连，便和宇文化及等人发动政变，杀死了隋炀帝。

▲ 隋炀帝之死

宇文化及称帝

杨广死后，宇文化及立秦王杨浩为傀儡皇帝，他自为大丞相，独揽大权。随后，他又杀死了隋朝的所有宗室，为称帝铺平道路。没过多久，宇文化及就废掉了杨浩，自己当了皇帝，改国号为"许"。南方纷争不断，北方的情况也很复杂。杨广的死讯传到洛阳后，元文都等人拥立了隋炀帝的孙子杨侗为帝。此时，李密率领瓦岗寨已把洛阳包围，宇文化及也率军北上企图攻占洛阳。元文都等人决定笼络李密，一方面解洛阳之围，另一方面也能借李密抵抗宇文化及。李密也因为担心两面受敌而归顺了洛阳朝廷。

▶ 弑君称帝的宇文化及

东都的明争暗斗

当时洛阳城内王世充、元文都等七人共同辅政，时人称为"七贵"。其中王世充自炀帝时就屡立战功，此时仗着拥立之功更是嚣张跋扈起来，他趁着李密战胜宇文化及后元气大伤的机会出兵大败李密。李密走投无路，只好投靠了唐王李渊。公元 619 年，王世充假传杨侗禅位诏策，自己做起了皇帝。公元 621 年，李世民攻破洛阳，王世充投降。

李唐一统天下

隋灭亡后，全国各地的割据势力建立了很多个政权，也出现了好几个自称皇帝的人。但他们最后都败在了李渊的手下。李渊是如何做到的呢？

李渊起兵

李渊晋阳起兵

李渊出生于北周的贵族家庭，隋文帝的独孤皇后是他的姨母。公元 572 年，7 岁的李渊继承父位，成为唐国公。杨广称帝后，李渊任荥阳（治所在今河南郑州）、楼烦（治所在今山西静乐）二郡太守。公元 617 年，李渊奉命留守太原，同时也兼任晋阳宫监。太原是军事重地，存有大批的精兵强将和充裕的军资粮食。当时天下已经大乱，烽烟四起。李渊也想在这乱世中有一番作为，于是起兵反隋，不久攻下长安，策立代王杨侑为傀儡皇帝。618 年，李渊称帝，改国号唐，是为唐高祖，定都长安，建立了唐朝政权。高祖封长子李建成为太子，次子李世民为秦王，四子李元吉为齐王。

李世民南征北战

唐朝建立后，各地依然存在很多割据政权。公元 620 年，李世民对洛阳的王世充发起进攻，双方打了 8 个月，都有些疲惫。此时，河北的窦建德忽然率军十万南下至虎牢关（今河南荥阳），企图一举击溃李世民。李世民命齐王李元吉率领人马继续攻打王世充，自己则带领精锐部队前往虎牢关阻击窦建德。窦建德被打得措手不及，军心大乱。唐军奋力追击，取得了虎牢之战的胜利。此后，唐军相继消灭了窦建德和王世充这两支割据势力，逐渐将中原纳入唐朝的版图。

李世民平定天下

李唐一统天下

李唐政权的实力越来越强大，南方的萧梁政权和河北的刘黑闼同样不容小觑。在李世民平定中原的同时，李渊命行军总管李靖南下平定萧梁。唐军大败梁军，消灭了萧梁政权，逐渐占领了整个长江中下游地区。而刘黑闼曾是窦建德的部下，窦建德死后，他解甲归田，后经窦建德余部的怂恿，再度反叛。公元622年，刘黑闼自称汉东王，建立了政权。李渊派李建成出兵河北，在魏徵的辅佐下，李建成顺利平定了刘黑闼的反叛。此后，李唐相继平定了各地大大小小的叛乱，完成了统一天下的大任。与此同时，一场你死我活的内斗正在悄然上演。

玄武门之变

李渊称帝后立长子李建成为太子，而秦王李世民在平定各地叛乱中立下了赫赫战功，积累了众多人才，羽翼渐丰，这直接威胁到李建成的地位，两人明争暗斗，势如水火。公元626年，李世民买通了玄武门的将领，在玄武门设下伏兵。接着，他在李渊面前控告李建成和李元吉淫乱后宫。李建成兄弟两人听到消息后马不停蹄地回宫为自己辩解。等他们走到玄武门时，李世民发起进攻，将李建成一箭射死，李元吉也被杀害。玄武门之变后，李渊立李世民为太子，两个月后又禅位于李世民，自称太上皇。

贞观之治

李世民虽然是在血腥的政变中登上了帝位，但他在位的 23 年间，天下大治，社会太平，后世称之为“贞观之治”。

▲ 贞观年间的农业

发展农业生产

由于多年的战乱以及自然灾害的发生，唐朝初期民生凋敝，经济萧条。为了发展生产、增加人口，唐太宗先后释放了三千名宫女，让她们离开皇宫成家生子。唐太宗亲眼目睹了农民战争瓦解隋朝的过程，他认识到农民阶级对社会稳定的重要性。于是，唐太宗充分吸取隋亡的教训，厉行节约，实行轻徭薄赋的政策，使百姓休养生息，恢复社会经济。

唐朝吏治清明

唐太宗特别注重地方官吏的选拔，他认为地方官吏就是一方父母，必须德才兼备。所以，他下令由他亲自选刺史，由五品以上的中央官员保举县令。因此，贞观年间吏治清明。为了选拔更多的人才，他多次颁布求贤诏令，并改革科举制度，增加考试科目，扩大应试的范围和人数。由于唐太宗的提倡和重视，贞观年间涌现出大量的人才。

▼ 科举考试为唐朝选拔了大量人才

▲ 太宗虚心纳谏

唐太宗从谏如流

唐太宗的敬才爱才、从谏如流也是出了名的。魏徵本来是太子李建成的部下，后来被李世民纳入麾下，他经常直言进谏，得到了李世民的信任和器重。公元 643 年，魏徵病死，李世民伤心地说：“以铜为镜，可以正衣冠；以古为镜，可以知兴替；以人为镜，可以明得失。朕常保此三镜，以防己过，今魏徵殂逝，遂亡一镜矣！”唐太宗励精图治，大臣们尽心辅佐，唐朝国力逐渐恢复，百姓安居乐业，遂有“贞观之治”。

晚年贪图享受

俗话说：“金无足赤，人无完人。”到了晚年，唐太宗逐渐变得消极怠政，奢侈浪费。为了自己的雄心伟业，他频繁地发动战争，使百姓苦不堪言。晚年的唐太宗也不像之前那样直言纳谏，反而是经常惩罚那些敢于直言进谏的大臣，搞得人心惶惶。此外，唐太宗还非常迷信，为了追求长生不老而乱吃丹药。公元 649 年，唐太宗因服下过多的金石丹药导致中毒身亡。

武则天的逆袭

唐太宗死后，太子李治继位，是为唐高宗。在他在位的 34 年中，政治上沿袭了唐太宗李世民的做法，大唐的版图也扩至最大，人口持续增长，经济稳定发展，开创了被后世称道的“永徽之治”。

▲ 李治与武则天

从尼姑到昭仪

在李世民病重期间，李治经常陪在李世民的身边服侍汤药。也是在这期间，李治结识并爱上了当时身为才人的武则天。唐太宗去世后，武则天按照规制被送到感业寺为尼。李治即位后，虽然与王皇后的感情还不错，但因为王皇后无法生育，李治渐渐开始宠爱萧淑妃。王皇后为了和萧淑妃争宠，便劝说唐高宗将武则天纳入后宫，以增强自己的势力。唐高宗本来就对武则天念念不忘，便顺水推舟将武则天接回宫中。武则天凭借自己的美貌和才智，赢得了李治的宠爱，很快被封为昭仪。

从昭仪到皇后

武则天的日渐受宠引起了王皇后的不安，王皇后便把矛头指向了武则天。武则天知道王皇后把自己当作眼中钉，于是决定主动出击。公元 654 年，武则天为唐高宗生下一个女儿，但没多久就死了。她把女儿的死嫁祸给王皇后，李治听后勃然大怒，将王皇后打入冷宫，并立武则天为皇后。这在朝中引起了轩然大波，长孙无忌、褚遂良等前朝老臣极力反对。唐高宗自即位后就一直处在前朝元老们的压制下，他也希望能通过这件事打击这些老臣的势力，于是铁了心要废王立武。

◀ 武则天后宫上位

从皇后到临朝

唐高宗的身体每况愈下，经常头痛，已经没有办法长时间处理政事了。而武则天非常聪明，又深得高宗信任，高宗便让她插手政事。然而，这也让武则天和李治生出了嫌隙。上官仪趁机劝高宗废黜武后，唐高宗便命令上官仪起草废后的诏令。武后得到消息后赶紧来到高宗身边质问他，高宗性格软弱，废后之事以失败告终。从此以后，武则天和高宗一起上朝，大小政事都由两人共同决定，史称“二圣临朝”。

武则天在群臣面前树立了她与唐高宗并尊的威信。

▲ 二圣临朝

从临朝到执政

公元 683 年，唐高宗在病痛的折磨下撒手人寰，享年 56 岁。太子李显继位，是为唐中宗，武则天被尊为皇太后。李显不想被武则天控制，想提拔韦皇后的娘家人，以摆脱受控的局面。武则天知道后非常生气，于是废黜李显，将他贬为庐陵王，又立自己的第四子李旦为皇帝，是为唐睿宗。武则天把睿宗软禁在宫中，不让他参与政事。李唐宗室对武则天的行为非常不满，于是纷纷起兵反抗武则天，但很快就被武则天镇压了下去，与此有关的李唐宗室和大臣都被武则天除掉了。

▼ 武则天执掌朝政

武则天的儿子李显两次当太子，两次当皇帝。

千古第一女帝

武则天有野心又有能力，中宗和睿宗都是她的傀儡。在等级制度森严的父权社会中，武则天能够冲破重重阻碍，登上权力的制高点，堪称传奇。接下来，她还有什么行为呢？

女皇帝

公元 690 年，武则天登基称帝，改唐为周，史称武周，自称圣神皇帝，成为中国历史上唯一的女皇帝。为了扫除朝内的反对势力，武则天鼓励告密，并任用酷吏索元礼、来俊臣、周兴等人。被告密者被施以各种惨无人道的酷刑，全都被一片恐怖的氛围笼罩着。

▼ 武则天称帝

武则天彰显着治国才能

武周政治

武则天重视人才，开创殿试制度。她多次发布诏令劝课农桑，积极指导农业生产，使得经济的发展达到了新的水平。武则天还破格用人，曾让九品以上官员和百姓皆可自己推举自己。同时，她坚持抵御突厥、吐蕃，大大加强了对北部边疆的统治。

武则天去世

公元705年，82岁高龄的武则天疾病缠身，再也没有精力去处理政事。宰相张柬之等人趁机发动政变，迫使武则天让位于李显，恢复李唐国号。李显继位后，皇后韦氏欲效仿武则天称帝，并且形成了自己的势力集团。韦后集团设计除掉了当初拥立中宗复位的张柬之等人，接着又借中宗之手杀死了太子李重俊。公元710年，韦后母女下药毒死了唐中宗。

无字碑

武则天死后，与唐高宗李治合葬在乾陵。陵前立着两块石碑：西面一块叫“述圣碑”；东面是武则天的“无字碑”。述圣碑是武则天为高宗歌功颂德而立的石碑，她还亲自撰文了五千余字的碑文。关于无字碑众说不一：有人认为武则天自认为功德无量，政绩斐然，是千古第一女帝，一块小小的碑刻描绘不出她的功绩；也有人认为是武则天知道自己破坏礼制，干预朝政，屠戮无数，罪孽深重，无功可记，无德可载，所以干脆不给自己石碑上刻下任何一个字，是非功过，留给后人评说。

无字碑

▲ 发动政变的太平公主

开启盛唐万象

中宗死后，韦后临朝摄政，立李重茂为帝。她任用韦氏子弟统领南北衙军队，欲效法武则天称帝。但因为一个人，韦后的计划落空，唐朝政局走向稳定。这个人是谁呢？他对唐朝的发展有什么影响呢？

▼ 唐玄宗知人善任

李隆基继位

曾经的睿宗李旦因参与了推翻武则天的政变，所以被复位后的中宗封为“安国相王”。李旦的儿子李隆基和太平公主率领着羽林军处死了韦氏，消灭了她的党羽，拥立李旦重新即位。灭掉韦氏集团之后，李隆基与姑姑太平公主开始争夺权势。睿宗夹在中间谁都不敢得罪，索性在公元 712 年禅位给太子李隆基，是为唐玄宗。太平公主不死心，妄图发动政变。玄宗得到消息后先发制人，处死了太平公主和她的党羽。由此，唐朝的政局才算稳定下来。

开元时期的贤相

唐玄宗继位以后，朝政混乱，形势不容乐观。因此，他首先需要为自己挑选一位好帮手。他重用多谋善断的姚崇。姚崇上台后直言进谏，协助玄宗大力改善吏治，还主持了蝗灾的治理工作。姚崇之后，为人耿直的宋璟被任命为宰相，他敢于犯颜直谏，善择人才，刑赏无私。宋璟罢相后，张嘉贞、张说相继上任。开元时期的最后一位贤相是张九龄，他才华出众，公正选才，同时识人明辨，提前近 20 年就“预言”安禄山必反。

“艺术家”唐玄宗

唐玄宗不但精于国事，而且在艺术方面也有很高的造诣，史书上评价其“性英断多艺，尤知音律，善八分书”。唐玄宗极富音乐才华，不但能演奏琵琶、二胡等多种乐器，还擅作曲，据说闻名后世的《霓裳羽衣曲》就是唐玄宗吸收印度《婆罗门曲》创作而成的。唐玄宗专擅隶书，书风丰厚巨丽，其中以《纪泰山铭》《石台孝经》等为人称道。

▲ 整治贪官污吏

开启开元盛世

唐玄宗知人善任，赏罚分明，办事干练果断，加上唐初几代皇帝的励精图治，开元年间，唐朝进入全盛时期，政通人和，文化发达，被后世称为“开元盛世”。大唐开国之时，编户仅有二百余万，贞观初年仍不满三百万，开元年间则达到了八百余万。随着人口的大幅增加，唐玄宗鼓励开田垦荒，又轻徭薄赋，兴修水利，促进农业生产的发展。唐代诗人杜甫在《忆昔》中写道：“忆昔开元全盛日，小邑犹藏万家室。稻米流脂粟米白，公私仓廪俱丰实。”这首诗在一定程度上反映了当时社会经济发展的状况。

▶ 开元盛世

▲ 唐玄宗和杨玉环

“在天愿作比翼鸟，在地愿为连理枝”描写的是唐玄宗和杨贵妃之间的爱情故事。

唐朝的转折点

在唐玄宗的治理下，大唐国库充盈，吏治清明，政局稳定。但到了后期，唐玄宗变得奢靡浪费，懒惰懈怠，最后引发了“安史之乱”，唐朝也开始步入下坡路。

唐玄宗独宠杨玉环

开创了盛世之后，唐玄宗渐渐放松警惕，开始沉溺享乐。公元 737 年，唐玄宗的宠妃武惠妃病死，杨玉环出现了。她本来是寿王的妃子，按辈分是唐玄宗的儿媳。杨玉环美貌绝伦，又懂音律善歌舞，非常符合唐玄宗的心意。公元 745 年，杨玉环被立为贵妃，杨家得以满门富贵。她的堂兄杨国忠也一路平步青云，最后被任命为宰相。唐玄宗对杨贵妃极度宠爱，日日与她笙歌，奢侈之风日渐盛行。在杨国忠的治理下，唐朝朝政逐渐混乱，一场葬送盛唐的大动乱正在酝酿之中。

安禄山起兵反唐

这场变乱还要从安禄山说起。安禄山是幽州节度使张守珪的手下，他被张守珪收为养子。安禄山在唐玄宗面前极力讨好，把玄宗哄得非常开心，同时还成为杨贵妃的“养子”。就这样，玄宗对安禄山越来越信任。最后安禄山被委以重任，担任了平卢、范阳、河东三镇节度使，手握重兵。公元 755 年，安禄山以讨伐杨国忠为名与史思明起兵叛乱。唐朝承平日久，又疏于防备，被打得措手不及。安禄山一路势如破竹，仅仅用了 34 天便攻下洛阳，随后在洛阳称帝，改国号为大燕。公元 756 年，潼关陷落，玄宗逃亡四川。

◀ 安禄山起兵造反

▲ 马嵬事变，贵妃身死

马嵬坡之变

玄宗等人行至马嵬坡时，将士们又累又饿，同时又感觉前途无望，不由得对杨国忠和杨贵妃心生怨恨。大将军陈玄礼趁机率领愤怒的士兵杀了杨国忠，又包围了玄宗所住的驿站，逼迫玄宗处死杨贵妃。唐玄宗虽然不情愿，但为了保全自己的性命和江山，只好赐死了杨贵妃，这才平息了兵变。玄宗继续西行，逃至成都，太子李亨脱离队伍，北上至灵武称帝，是为唐肃宗，尊玄宗为太上皇。

“安史之乱”的平定

唐肃宗起用李光弼、郭子仪等人，致力于平定叛乱，收复两京。安禄山晚年因为身体过度肥胖而患有疽病，又逐渐失明，最后被自己的儿子安庆绪杀死。安禄山死后，安庆绪自称皇帝。史思明是安禄山的同乡，他不愿听子侄辈的调遣。随着唐军收复长安、洛阳，史思明迫于形势降唐。公元 758 年，唐肃宗欲消灭史思明，事泄，史思明再次叛变唐朝。随后，他杀掉安庆绪，于公元 759 年称帝。两年后，史思明被自己的儿子史朝义所杀。公元 762 年，李豫即位，是为唐代宗。同年唐军收复了洛阳，史朝义北逃，最后走投无路，自缢而死。至此，历时八年的“安史之乱”结束。

▼ 唐军收复洛阳

中央与藩镇的争斗

在长达八年的“安史之乱”中，北方战乱严重，人烟稀少，千里萧条。各地藩镇割据，朝内宦官专权，大唐王朝由盛转衰。

▲ 藩镇割据

地方割据势力的壮大

史朝义自杀后，朝廷为了笼络河北地区投降的将士，唐代宗封李怀仙为范阳节度使，田承嗣为魏博节度使，李宝臣为成德节度使。他们拥有强兵无数，租赋也不交给朝廷，形成了地方割据势力，是为河朔三镇。经过了八年的战乱，大唐已经元气大伤。代宗无奈，只好对这些割据势力姑息纵容。公元 779 年，代宗在忧愤中驾崩了。

泾原兵变

代宗驾崩后，长子李适即位，是为唐德宗。公元 781 年，成德节度使李宝臣去世，他的儿子李惟岳向德宗申请继承父职，被决心削藩的德宗拒绝。于是李惟岳便和其他藩镇勾结，一起对抗中央。最初唐军节节胜利，后来，节度使朱滔等人也加入了叛乱队伍，致使叛乱规模越来越大。公元 783 年，驻防京西的泾原士兵出关平叛，结果在经过长安时因犒赏菲薄发生哗变，随后攻入长安，李适逃到奉天（今陕西乾县）。叛居长安的太尉朱泚被泾原兵拥立为领头人，不久称帝。后来，德宗依靠李晟等将领杀掉朱泚，收复了长安。

▼ 藩镇叛乱

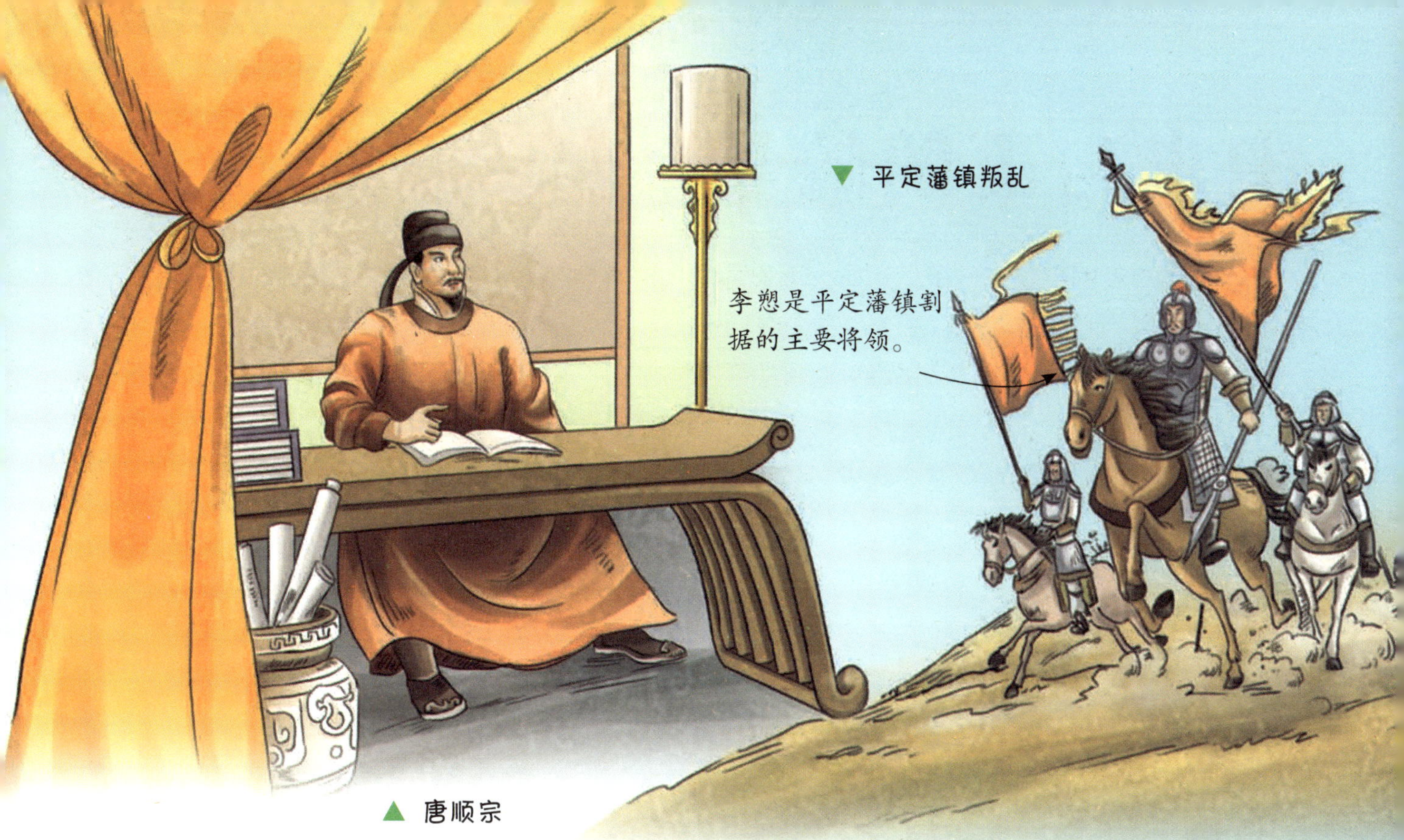

▼ 平定藩镇叛乱

▲ 唐顺宗

永贞革新

泾原兵变时，宦官窦文场、霍仙鸣等人护驾有功，被唐德宗任命为神策中尉，从此宦官开始统领禁军。德宗逝世后，太子李诵即位，是为唐顺宗。这时朝中政治腐败，宦官当政，藩镇割据。顺宗登基后试图改变这一现状，于是重用革新派进行改革，朝中形成了以王叔文、王伾、刘禹锡、柳宗元等为代表的革新集团。革新派主张维护统一，反对藩镇割据，打击宦官专权，加强中央集权。此举引起一些守旧大臣和宦官们的反对。在俱文珍等宦官的逼迫下，顺宗被迫禅位给了长子李纯，王叔文被贬为渝州司户，王伾被贬为开州司马，柳宗元、刘禹锡等八人被贬为边州司马，最终改革失败。此事件被称为“永贞革新”，又称“二王八司马”事件。

元和中兴

唐宪宗李纯是唐朝后期较有作为的皇帝。他即位后便下令削藩，平定诸镇。公元 806 年，他平定了剑南西川节度使刘辟之乱。其后他又平定了其他藩镇的叛乱，国家暂时统一，后人称之为“元和中兴”。削藩成功后，宪宗觉得大局已定，开始骄傲自满，追求长生不老，排斥正直进言的官吏。他还信任宦官，大兴土木，生活奢侈，结果因食用过多的金丹而中毒，变得性情乖张，总是乱发脾气。公元 820 年，宪宗被宦官陈弘志等人所杀，年仅 43 岁。

▼ 唐宪宗前期治国有方

朝堂之上的较量

元和中兴不过是昙花一现。宪宗死后，藩镇势力卷土重来，宦官专权愈演愈烈。之后的四位皇帝——唐穆宗、唐敬宗、唐文宗、唐武宗都有一个显著的特点，就是在位时间短且都早逝，四位皇帝的统治时间加起来才二十多年。

对付宦官

宪宗之后，相继即位的唐穆宗和唐敬宗纵情玩乐，荒于朝政，把宪宗辛辛苦苦取得的一点成绩全断送了。最后敬宗被宦官杀死，他的弟弟李昂继位，是为唐文宗。文宗在位期间按时上朝，勤勉政事，生活节俭。他痛恨宦官专政，于是与大臣郑注、李训一起谋划诛杀宦官。

▼ 甘露之变

唐文宗甘露之变

公元835年，唐文宗正端坐在紫宸殿上朝见百官。将军韩约前来奏报：左金吾仗院内石榴树上有天降甘露。文宗让大臣们都去看看。李训回来后说不太像真甘露。文宗又让仇士良等宦官去看，此时李训已在左仗院预设了伏兵。仇士良来到金吾厅后，看见先前报信的韩约神色慌张，感觉不太对劲。这时突然刮起的风将帘子高高卷起，仇士良看到了帘子后面隐匿的大批士兵，立刻反应过来，带领宦官回宫劫持了文宗，并派出禁军大肆屠杀。李训、郑注等很多官员都死于非命。从此，文宗被宦官软禁，五年后得病而死。

佛教寺庙的财产被没收。

唐武宗大力打击佛教。

▲ 唐武宗灭佛

会昌法难

文宗去世后，文宗的弟弟李炎在仇士良等人的拥立下即位，是为唐武宗，次年改元会昌。这时寺院经济已经过分扩张，直接影响了国家收入。武宗崇信道教，追求长生不老，对一个叫赵归真的道士非常信任。在赵归真的鼓动下，武宗在公元845年下令灭佛。在这次运动中，各地共拆除寺院、招提、兰若等4万余所，迫令约26万余僧尼还俗，没收了寺产良田数千万顷。武宗在位七年，知人善任，打击宦官，抑制藩镇，稳定边疆，使大唐出现了兴盛的局面。

牛李党争

在宦官和朝臣争斗时，朝臣之间也分有派系，互相之间明争暗斗，其中最为激烈的就是“牛李党争”。“牛党”是指以牛僧儒、李宗闵等为首的官僚集团，他们大多都是科举出身，门第卑微，靠十年寒窗苦读才得以出人头地；“李党”是指以李德裕等为首的官僚集团，多为门第显赫的世家大族子弟。自宪宗时期起，牛李党争就已经开始了，一直到宣宗时期才宣告结束，历时四十余年。

▼ 朝臣的派系之争

唐王朝的灭亡

在唐朝的末期，虽然也有明君使国家在短时间内得到了平稳发展，但是此时的唐朝藩镇割据、宦官擅权、朋党夺利，再加上声势浩大的农民起义，唐朝的统治已经积重难返，无力回天了。

▶ 唐宣宗

大中之治

武宗英年早逝，李忱即位为唐宣宗，改元大中。那些宦官和大臣都以为宣宗有些傻里傻气，事实并非如此。宣宗即位后谈吐沉着、言语爽朗，对于国家典制、礼仪法律烂熟于心，处理政事井井有条，和昔日的傻子形象判若两人。他知人善任，为政清明，朋党斗争的现象没有了，皇帝的权力得到加强，并且地方的藩镇经过多年争斗也元气大伤，不再肆意滋事，史称“大中之治”。

黄巢大起义

宣宗去世后，其后的懿宗和僖宗骄奢淫逸，不思进取。其后的昭宗李晔虽有治国之志，但无奈奸臣当道，无力回天。公元 873 年，关东遭到大旱，夏麦仅收了一半，秋收全无。政府还强逼着百姓纳税。公元 875 年，冤句（今山东曹县）人黄巢决定拉起反唐的大旗，和王仙芝遥相呼应。随着起义军的规模越来越大，朝廷决定诱降义军，招安王仙芝，王仙芝有些动摇。在黄巢的反对下，王仙芝虽然没有答应朝廷的招安，但与黄巢决裂。公元 878 年，王仙芝被唐军所杀，其残部都投靠了黄巢。

▼ 黄巢受到了百姓的欢迎

后梁开国皇帝朱温

起义军的失败

公元 880 年，起义军攻下洛阳。黄巢下令禁止在洛阳城内滥杀无辜、烧杀抢掠，要善待百姓。接着，黄巢又向西发展，一举突破潼关天险，攻下长安。公元 881 年，黄巢在长安即皇帝位，国号大齐，改元金统。登上皇帝宝座后，他没有及时追赶向成都逃窜的僖宗，使僖宗有了喘息时间。公元 882 年，唐僖宗反攻，黄巢的部下朱温叛变。公元 883 年，在唐军、沙陀人李克用部队和各路勤王藩镇的合击下，黄巢只能退出长安。公元 884 年，黄巢自刎而死，历时九年的农民大起义失败。

起义军战败

代唐建梁

朱温曾是黄巢手下的一员大将，在农民起义逐渐衰落的时候背叛了黄巢，投降唐朝，被赐名全忠。黄巢起义被平定后，朱全忠已经成为一方不容小觑的势力。公元 904 年，他胁迫昭宗迁都洛阳。同年，朱全忠派心腹将昭宗杀死，立李柷为傀儡皇帝，即哀帝。公元 905 年，他在洛阳宫中的九曲池宴请昭宗的九个儿子，然后残忍地将他们统统杀害。朝中名门宿望的三十余名大臣也没有逃过厄运，被朱全忠杀害后投入黄河之中，是为“白马之祸”。公元 907 年，朱全忠废唐哀帝，建立大梁王朝，史称后梁。朱全忠称帝后，改名晃，是为梁太祖。唐朝至此灭亡。

黑暗的五代十国

唐朝灭亡后，历史的车轮碾进了一个新的阶段——五代十国时期。这是一段长达五十三年的动荡时期，也是中国历史上又一次大规模的分裂割据时期。接下来，让我们看看这个时期的政权是如何更迭的吧！

◀ 后唐统治者的更迭

后梁

朱晃称帝后，河东李克用、凤翔李茂贞、西川王建等藩镇的节度使都不承认他的政权。李克用仍坚持用唐天祐年号，以兴复唐室为名与朱晃抗衡。李克用死后，李存勖即位为晋王。李存勖整肃军纪，解潞州之围，取得了柏乡大捷，大挫梁军锐气。公元 912 年，朱晃的儿子朱友珪发动政变，杀死了朱晃，登上帝位。公元 913 年，朱晃第四子朱友贞诛杀朱友珪，即位称帝。公元 923 年，李存勖的军队兵临开封城下，朱友贞自杀，后梁灭亡。

▼ 朱友珪政变弑父

朱温在位五年。

朱友珪是朱温的次子。

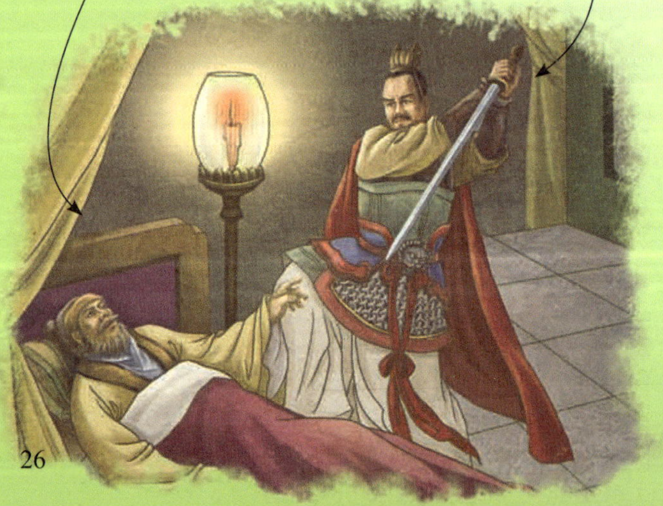

后唐

公元 923 年，李存勖在魏州称帝，建国号为唐，是为唐庄宗，定都洛阳。李存勖善于打天下，却不善于治天下。在统治期间，他宠信伶人，任用宦官，导致朝政紊乱，最终促成了李嗣源的叛乱。公元 926 年，李存勖在兵变中被杀身亡，洛阳大乱。同年，李嗣源进入洛阳，平定乱局，继任为帝，沿用后唐的国号。李嗣源是五代乱世中一位难得的明君，在位期间，他诛杀宦官、罢除伶官，精简官僚机构，使经济迅速恢复发展。公元 933 年，李嗣源病逝，他的第三子李从厚继位，是为唐闵帝。李从厚仅仅在位四个月就被李嗣源的养子李从珂拉下帝位。李从珂即位后大肆搜刮老百姓的钱财，统治腐败。公元 936 年，李嗣源的女婿石敬瑭策划谋反，李从珂命张敬达率兵讨伐。为了夺取这次战争的胜利，石敬瑭决定向契丹称臣称子，并割让整个卢龙军镇以及雁门关以北诸州来换取契丹的援助。于是，契丹首领耶律德光亲率五万骑兵来援。公元 936 年，后唐大败，李从珂自焚而死。后唐存在了十四年。

▲ 李从珂自焚而亡

后晋

公元936年，石敬瑭在契丹的帮助下消灭后唐，登上帝位，改国号为晋，史称后晋高祖。他认比自己年纪还小的耶律德光为父亲，向契丹称臣，割燕云十六州给契丹，而且每年向契丹贡献绢帛三十万匹。公元942年，吐谷浑部落因为不愿被契丹统领，便投靠了河东节度使刘知远。耶律德光得知后便派遣使者来向石敬瑭索要。石敬瑭日日忧郁，当年就病死了。石敬瑭死后，他的侄子齐王石重贵继位，史称晋出帝。石重贵继位后，景延广掌握了实权，反对向契丹称臣，主张废除与契丹的君臣关系，这引起契丹的不满。契丹两次南下进攻后晋，但皆被击退。公元946年，不服输的耶律德光第三次南侵。石重贵命杜重威、李守贞等人率军迎敌。杜重威不敢和契丹军正面对抗，被契丹包围。为了活命，杜重威投降了契丹。公元947年，契丹陷开封，后晋亡。

▼ 后晋向契丹称臣

后汉

刘知远是石敬瑭的大将，立下过赫赫战功。后来，刘知远被任命为节度使，与杜重威有隙。石敬瑭死后，刘知远在河东默默发展自己的势力，逐渐成为当时最强大的藩镇。耶律德光灭掉后晋，占据中原，但因烧杀抢掠而激起民愤。耶律德光被迫率军北撤，最后死在了半道上。在这个过程中，刘知远趁机在太原自立为帝。等耶律德光一走，刘知远就进军开封，建立后汉。刘知远去世后，隐帝即位。隐帝年幼，朝政大权由杨邠、王章、郭威等几位大臣把持。汉隐帝找机会诛杀了杨邠、史弘肇等人。郭威因带兵在外逃过一劫，于是起兵反叛，一路势如破竹。公元950年，刘承佑在混乱之中被杀死，不久，郭威即位称帝，后汉亡。

▲ 刘知远建立后汉

▲ 郭威被推举为皇帝

▲ 周太祖严惩贪官污吏

后周

公元951年，郭威称帝，改国号为周，是为周太祖。郭威称得上五代时期的一个好皇帝，他提倡节俭，废除苛捐杂税，减轻刑罚，惩治贪官污吏。公元954年，周太祖驾崩，养子柴荣继位，即周世宗。柴荣刚登基，北汉便趁机联合契丹进攻后周，被后周击败。战后，柴荣进行了大刀阔斧的改革，使后周的经济得到发展，社会秩序日益安定。此后，柴荣便进行了统一战争，以期恢复昔日汉唐辽阔的版图。他采纳了“先南后北”的方针，获得了南唐十四州，之后在北伐幽州之际病倒在了途中，不久去世，年仅39岁。柴荣死后，年仅7岁的柴宗训被立为皇帝，是为周恭帝。此时后周主少国疑，大将赵匡胤大权在握。公元960年，赵匡胤在陈桥发动兵变，黄袍加身，建立宋朝。后周灭亡。

▼ 后周世宗柴荣

唐朝的民族关系与对外交流

唐朝贞观年间，国家经济繁荣，社会安定，文化发达，周边少数民族非常向往，纷纷派使者前来称臣纳贡。唐朝开放友好，表现出了一个大国的气度和风采。

遣唐使来华

隋朝时期，中日两国的文化交往已经十分频繁，唐朝的强盛和发达更是使周边国家十分向往。为了学习唐朝先进的经济文化，日本曾多次派"遣唐使"到唐朝访问学习，跟随而来的还有日本的僧人、留学生等，人数众多。一般情况下，遣唐使完成外交活动后便返回日本，但僧人和留学生则要在中国生活学习很长时间。这些人为中日文化交流和日本的发展做出了重大贡献，如空海、阿倍仲麻吕等。

文成公主进藏

公元634年，吐蕃首领松赞干布派遣使者入唐，希望迎娶一位唐朝公主，但唐太宗没有答应。公元640年，松赞干布再次派使者到长安求亲。唐太宗从宗室中挑选了一位知书达理的姑娘封为"文成公主"，许嫁给松赞干布。公元641年，文成公主远嫁西藏，带去了丰厚的嫁妆，有植物种子，以及大量的经书、典籍、医书、营造与工技著作等，甚至带去了一些工匠，这促进了吐蕃地区的经济发展和技术进步。

▼ 文成公主入藏

玄奘西行

《西游记》里唐三藏的原型就是唐朝的玄奘。玄奘生活在贞观时期，公元629年，他踏上了去往天竺取经的道路。他游历佛学圣地，学习梵文，并在天竺佛教的最高学府那烂陀寺学习了很长时间，在佛学方面取得了很高的造诣。玄奘想把自己所学习的知识传到中国，便带着六百多部佛经踏上了回长安的旅程，终于在公元645年回到了长安。回到长安后，他一边宣扬佛学，一边翻译佛学经典，为佛教在中国的传播做出了重要贡献。

鉴真东渡

鉴真，扬州人，14岁出家为僧。公元742年，日本高僧荣睿、普照等人找到鉴真，请他去日本传戒弘法。公元742年至750年，鉴真先后五次东渡，但都因种种原因而失败。公元753年，鉴真第六次东渡，次年抵达日本，并受到隆重欢迎。日本还专门修建了让鉴真居住的唐禅院。公元763年，鉴真在唐招提寺圆寂。鉴真东渡不仅对日本的佛教有重要影响，还对日本的医药、建筑、雕塑等产生了重要影响。

高力士为李白脱靴

高力士是唐朝著名宦官，深得玄宗宠信。

留芳千古的诗人

唐代社会经济高度繁荣，文化也达到了一个全盛的高峰，涌现出大批才华横溢的优秀诗人，产生了许多千百年来脍炙人口、广为传诵的诗篇。

“诗仙”李白

李白，字太白，号青莲居士，他是我国著名的浪漫主义诗人。李白自小聪明过人，为人爽朗大方，喜爱吟诗交友。公元 742 年，李白经友人的引荐被唐玄宗任命为翰林待诏，奉旨为皇帝写诗。但李白秉性率真耿直，遭受谗言诋毁，被排挤出京。后来，李白受牵连被流放，又逢大赦得以东归。

李白的诗雄奇飘逸，富有浪漫主义色彩，艺术成就极高。李白被后世誉为“诗仙”，他的代表作有《蜀道难》《将进酒》等。

“诗圣”杜甫

杜甫，字子美，自号少陵野老。他 7 岁就能作诗，长大后游历四方，还曾和李白结伴而行。公元 755 年，杜甫被任命为右卫率府兵曹参军，但没过多久安史之乱就爆发了。杜甫一生忧国忧民，他的诗记录了唐代由盛转衰的巨变，反映了当时的社会矛盾，在中国古典诗歌中备受推崇，影响深远。他的诗被称为“诗史”，而他本人则被尊为“诗圣”，并与李白合称“李杜”。

杜甫约有1500首诗歌留存下来。

杜甫

杜甫的许多诗歌都描写了百姓的疾苦。

◀ 香山居士白居易

现实主义诗人白居易

白居易，字乐天，他生活在唐朝中期，是唐代杰出的文学家。白居易倡导新乐府运动，主张诗歌应当反映社会现实和民生疾苦。他的文学主张也体现在他的诗歌创作中，尤其是他的“讽喻诗”表现出统治阶级残酷压迫劳动人民的现象。白居易的诗歌现存约3000首，风格质朴通俗，形象生动，其中《新乐府》《长恨歌》《琵琶行》等优秀作品不仅在当时广为传诵，更是千古不朽的名作。

山水田园诗人王维

王维，字摩诘，唐朝著名诗人、画家。因为他笃信佛教，他的山水田园诗颇含禅意，所以被世人称为“诗佛”。王维十几岁时就小有名气，备受赞赏。公元721年，他考中进士，希望能在官场上大展宏图。随着安史之乱的爆发，王维的命运也几经浮沉。后来他逐渐看淡名利，过着半官半隐的生活。王维在边塞诗、山水田园诗方面都颇有成就，代表作品有《相思》《山居秋暝》等。此外，他的书画也很有名。他还精通音乐，多才多艺，与孟浩然合称“王孟”。

▼ 摩诘居士王维

唐代的艺术成就

唐朝在艺术方面也取得了极高的成就，书法、绘画、雕塑等领域名家辈出。

▼ 张旭饮酒挥毫

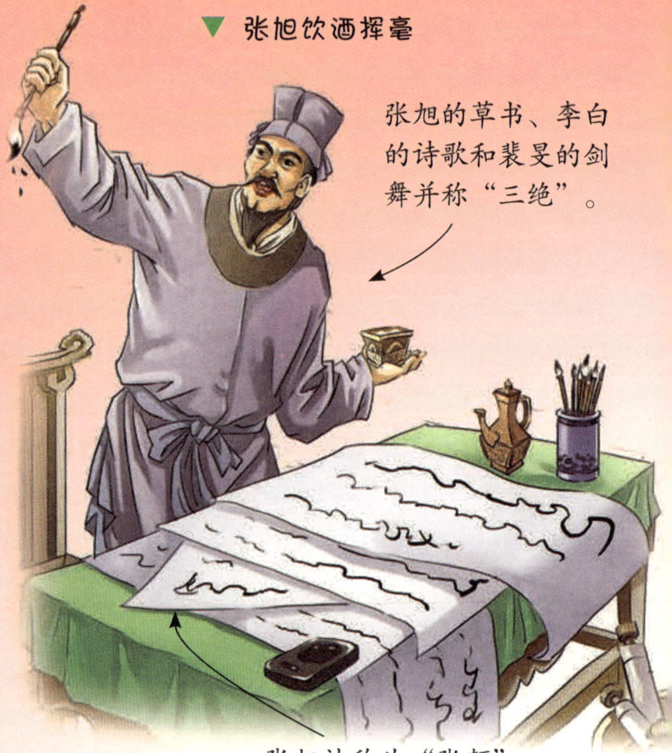

“草圣”张旭

张旭，字伯高，吴郡（江苏苏州）人，是唐朝书法家。初唐时期，草书一直处在酝酿蓄积的阶段，欧、虞、褚、薛等楷书大家都有一些行书和草书的佳作。生活在开元时期的张旭，在今草基础上发展出狂草，与张芝、王羲之同为后世草书楷模。张旭草书的风格逸势奇状，连绵回绕，流畅自如。诗人杜甫在《饮中八仙歌》中称“张旭三杯草圣传”，张旭便被称为“草圣”。

▼ 吴道子与友人闲谈

“画圣”吴道子

吴道子，阳翟（今河南禹州）人。他在绘画上远师张僧繇，近法张孝师。开元年间，他进入宫中担任宫廷画家。吴道子画技精湛，创造力旺盛，绘制了大量的宗教画、历史画和政治肖像画，以擅长画人物著称于世。他画的佛像衣纹笔势圆转，所画衣带如被风吹拂一般，风格十分飘逸，被称赞为“吴带当风”。此外，吴道子还喜欢交友旅行，他曾经到全国各地游历。通过广泛的学习，吴道子的笔法磊落逸势，高度成熟，被尊为“画圣”。

“塑圣”杨惠之

杨惠之是吴县香山人。他与吴道子都曾学过张僧繇的画风，但画名不如吴道子显赫。于是他放弃绘画，发愤专攻雕塑。传说，他弃画从塑后在山麓搭了间草屋，白天观察来往摊贩船夫的神态形状，晚上就用泥把他们的头像捏出来。三年后，杨惠之捏了几百个人像，个个活灵活现，一时名气大增。杨惠之是唐代第一个把写实风格引入雕塑艺术的人，对后世影响极大。他还总结了多年的雕塑技艺与经验，写成《塑诀》一书，是我国古代独一无二的雕塑理论著作，可惜的是这本书已失传。

▼ 专心雕塑的杨惠之

颜筋柳骨

楷书在唐代发展到巅峰阶段。颜真卿、柳公权是中晚唐楷书的代表者。颜真卿是京兆万年（今陕西西安）人，开元年间考中进士。他的书法受家庭和外祖家殷氏的影响，同时得到张旭指导，广汲书法大家褚遂良等人之营养，形成出了雄伟刚劲、气势磅礴的风格，被称为“颜体”。颜体端庄雄伟，笔力雄劲，结构方正茂密，用笔横轻竖重，开创了书法的新风气，对后世影响很大。而稍晚的柳公权在晋人劲媚和颜书雍容雄浑之间，创造了自成一派的“柳体”。柳体注重骨力，在转折顿按处锋棱明显，结构紧密，骨力遒健。后世将柳体与颜体称为“颜筋柳骨”。

▼ 颜真卿与人讨论书法

第二章 大宋时空

宋朝分为北宋和南宋两个时期。宋朝在五代十国的动荡时期建立，与辽、西夏、金的战争持续存在。宋朝推行文人治国，虽然经常处于被动挨打的状态，并且在一些战争中割地赔款，但是宋朝的文化、艺术、科技、商业等却空前发达，是当时世界上为数不多的富裕国家之一。

北宋的建立

在五代十国分裂与割据的复杂背景中，后周的禁军统领赵匡胤黄袍加身，夺取了后周政权，建立了宋朝。

陈桥兵变

后周的禁军统领殿前都点检赵匡胤，向朝廷呈报了北汉和辽朝已经会师将进攻后周的消息，于是朝廷就命他带领着重兵前去抵御。公元960年，赵匡胤带着部队来到了开封的陈桥驿，他的部下把只有皇帝才有资格穿的黄袍披在了赵匡胤的身上，并拥立他为皇帝。陈桥兵变后，赵匡胤就回到了后周的都城，正式登基为帝，定国号为宋，史称“北宋”，改元建隆。

统一的步伐

赵匡胤建立北宋后，延用了后周的军事战略，先南后北，逐步统一全国。公元963年，赵匡胤灭掉了荆南，接着又收复了湖南。965年，消灭了后蜀。971年，他出兵平南汉。975年，北宋灭南唐。到了宋太宗时期，宋太宗亲自率兵进攻北汉，最终北汉投降。北宋彻底结束了五代十国分裂割据的局面。

▶ 赵匡胤黄袍加身

▲ 宋太祖杯酒释兵权

杯酒释兵权

据传，赵匡胤靠黄袍加身当上皇帝后，因为自己登基太过顺利，所以他也担忧自己的下属有一天也会像他这样黄袍加身，篡夺皇位。有一次，他与他的部下石守信、王审琦等人一同饮酒，喝着喝着，赵匡胤让身边的侍从都下去了，然后委婉地告诉部下，自己总是睡不好觉，因为谁不想做皇帝而去位居其次呢？石、王等人听后，一身冷汗，最后在赵匡胤的劝诱下，交出了兵权。

加强集权

赵匡胤担心禁军中会出现能够威胁到自己权力的人。于是，他把调兵权和统兵权分开，不再设置禁军的最高统帅。禁军三司将领只任用一些资历浅的人担任，军队驻地几年一换，而将领却要固定在一个驻地，这样就“兵无常帅，帅无常师”了。同时，赵匡胤还规定州郡的长官要由文官担任。

王安石变法

北宋中后期，官员腐朽不堪，社会积贫积弱严重。于是，王安石在宋神宗的支持下发起了一场著名的变法运动。

▶ 王安石

改革的开始

王安石，字介甫，抚州临川(今江西抚州)人。王安石很有家国情怀，他看到北宋积累下来的种种弊病，决心要进行改革。公元 1067 年，宋英宗因病逝世，神宗即位。神宗也看到了当时北宋的情况，想要改变积贫积弱的现状。王安石向神宗提出他的主张，受到神宗的重视。公元 1069 年，宋神宗任命王安石为参知政事，主持变法。

变法的内容

王安石被宋神宗重用，开始变法。富国方面，他推行了均输法、青苗法、农田水利法、募役法、市易法、方田均税法等；强兵方面，他推出了将兵法、保甲法等；教育和科举方面，他实行三舍法以培养和选拔优秀的人才。王安石推行的这些改革在一定程度上扭转了北宋当时积贫积弱的现状，直到今天还有一定的借鉴意义。

▼ 兴修水利

▲ 王安石变法遭到了反对

变法失败

尽管王安石的变法有一定收效，但是触动了一些大官僚、上层贵族以及大地主阶层的利益。他们激烈反对，导致推行变法变得十分困难。公元 1076 年，王安石感到自己的政治抱负难以实现，而且当时他的儿子又病死了，于是对继续推行变法失去了信心，心灰意冷之余，他辞去了相位。

保守派与改革派

王安石辞官退隐之后，宋神宗因为北宋两次对战西夏都战败了，郁结于心，不久便忧愤而死了。宋神宗去世后，年仅 9 岁的赵煦登基，是为宋哲宗。他的祖母高太后开始垂帘听政，当时的高太后启用了保守派司马光为宰相。司马光将王安石变法的内容几乎全部废除，之前变法的骨干力量也都被贬官或放逐。不过，继位的宋哲宗亲政后，重新启用改革派大臣，贬谪了许多保守派，并且恢复了许多王安石改革的政策。

▼ 保守派废除变法

北方女真族的崛起

北方女真人长期以来处于被辽欺负的状态，然而后来在阿骨打的领导下，女真的实力不断壮大，建立了属于自己的帝国。

▶ 辽朝的剥削引起了女真人的不满

辽朝对女真族的剥削

女真族是靺鞨人的后裔。五代时他们分布于松花江、黑龙江下游，向东邻海。女真族有“熟女真”和“生女真”之分。熟女真是指生活在辽地、入辽籍、被辽直接统治的女真族，而生女真是生活在更北边不受辽管理的女真族。生女真的完颜部势力发展很快，成为强大的部落。阿骨打就出生在这个部落里。辽朝对女真的残酷剥削和压迫激起了女真人的愤怒，女真人开始了抗辽的斗争。

女真英雄阿骨打

阿骨打继任了生女真部落首领后，正式开始了反辽斗争。公元 1115 年，阿骨打称帝，国号大金，年号收国，定都会宁府（今黑龙江省阿城县南郊）。在阿骨打称帝的同时，渤海人和汉人都开始起义反抗辽的统治，辽朝开始走向衰落。

▼ 女真人的反抗

北宋与金的“海上之盟”

在辽军节节败退之际，北宋看到了辽朝的灭亡的趋势，就想借助金兵的力量来彻底收复被辽军占领的燕云十六州。从1118年开始，北宋便派人到金朝的所在地，与他们相约一起攻打辽朝。公元1120年，北宋和金订下了海上之盟，双方确定要联合夹攻辽朝，灭辽之后，燕云十六州归宋所有，而宋要将之前每年给辽朝的岁币给金。

盟约签订后，北宋先后两次出兵燕京，但都被辽军打得大败而归，最终还是金兵攻占了燕京，北宋以每年加付一百万贯“代税钱”的代价，“购”得了早被金兵洗劫一空的燕京，金军甚至将燕京的百姓都俘回了东北。而燕云十六州剩余之地，此时已是金太祖的阿骨打也表示可以依照燕京之例“归还”北宋，可是还没来得及执行，金太祖就病逝了。

金对北宋的战争

金朝将辽朝消灭后，发现北宋实际上毫无战斗能力，于是又将自己进攻的目标对准了北宋。

▲ 宋金交战，宋军败逃

北宋六贼

公元 1100 年，宋哲宗的弟弟赵佶继位，是为宋徽宗。徽宗是一位真正的艺术家，可他实在不是一位好皇帝。宋徽宗即位以来，北宋的国家大事基本掌握在朝中以童贯、蔡京为首的权臣宦官手里。童贯主管军事，蔡京主抓政务，这两位再加上朝中的王黼、梁师成、朱勔、李邦彦四人一起被称为北宋“六贼”，北宋的天下被他们搞得乌烟瘴气、民不聊生，百姓发出“打破筒（童贯），泼了菜（蔡京），便是人间好世界”的呼声。

刺探军情

金灭掉辽后，曾多次以庆功的名义派使者前往北宋的都城开封。此举表面上是祝贺双方盟约胜利，实际上却是在刺探北宋的道路和设防情况，为接下来的入侵做准备。然而，沉浸在胜利喜悦中的北宋政府却对此毫无察觉，还陶醉在收复燕云的“胜利”之中。

▼ 金军将宋军打得落花流水

▲ 宋徽宗传位太子

金人南下

公元1125年，金太宗下令分两路进攻宋朝，西路军从云中（今山西大同）进攻太原，东路军则从平州（今河北卢龙）进攻燕山府。太宗计划两路军队在开封会合。东路军到达燕山府后，北宋的将领郭药师叛宋降金，他还带领着金兵继续南下，渡过黄河，直奔开封。西路军在太原受阻。金兵南下的消息传到开封，宋徽宗惊慌失措。他做了一个令人意想不到的决定——传位给赵桓（即宋钦宗）。

无能的朝廷

金兵南下之后，大肆屠杀中原地区的百姓，使百姓饱受战火之苦，许多百姓纷纷组织起来进行武装抵抗。此时，北宋统治阶层的内部出现了两个派系：主战派和主和派。大难当头，两派竟然展开了激烈的斗争，宋钦宗几次都想放弃开封直接南逃。以李纲为首的主战派坚决反对屈辱求和，宋钦宗被迫留下。

▼ “主和派”与“主战派”的争论

北宋的耻辱

靖康之难是北宋永远的耻辱，北宋的两位皇帝都被金兵俘虏，一众后妃和文武大臣也一同被带走。

▲ 居安不思危的“主和派”

放松戒备

李纲的坚持抗战，暂时稳定了人心。开封的军民在李纲的带领下，士气高涨。加上河北、山东等地的义军也开始奋起阻抗金兵的入侵，孤军前进的金兵担心自己的退路被切断，在掠夺了部分财物后就撤退了。金兵撤离后，主和的一派以为危机已经顺利度过，开始沾沾自喜。他们排斥李纲，否定李纲提出的防御对策，并认为李纲危言耸听。然而事实充分地证明：若不居安思危，则会大难临头。

▲ 抵抗金军的宋朝军民

靖康之难

宋钦宗一味软弱，想要投降金兵，最终也没有逃脱被金兵俘虏的命运。金兵在攻占了开封的 4 个多月里，搜刮完财物后，就把宋徽宗和宋钦宗、后妃、宗室大臣等三千多人掳走了。这件事在历史上被称为“靖康之难”，后来，宋徽宗和宋钦宗受尽折磨死在了黑龙江一带。宋朝的统治者沉迷享受，不愿意整顿早已积贫积弱的北宋，排斥忠臣，最终落得了一个亡朝灭国的下场。

军民气节

靖康元年，金兵再度南下攻宋。很快，金兵就占领了开封。当时的河北和河东（今山西地区）其实还有很多的州县在顽强地抵抗着金军，宋钦宗甚至命人前去说服他们投降，但当地的军民都十分有气节，宁死不降。即便是被金军占领的地方，也有很多百姓自发组织起来反抗当地的金兵。

◀ 靖康之难中被俘虏的皇帝和大臣

南宋政权

北宋灭亡，宋的残余力量又重新建立了南宋政权。南宋政权想要重整山河，却遇到了重重困难……

▲ 傀儡皇帝张邦昌

南宋的建立

金兵在撤出开封之前，扶植了向金人投降的北宋宰相张邦昌做“大楚”的皇帝，让他替金人统治黄河以南的地区。但是张邦昌是一个非常胆小的人，他根本没有做皇帝的野心，也没有治理国家的能力。当时，一部分宋朝旧臣倾向于宋徽宗的第九子赵构做皇帝。公元 1127 年，赵构在南京应天府即位，改元建炎。

高宗南逃

公元 1129 年，金兵又开始南下，宋高宗仓皇之下从扬州逃到了杭州。南宋的大臣苗傅、刘正彦在杭州开始发动兵变，这次兵变很快就失败了。兵变失败后，宋高宗升杭州为临安府。不久，金兵又开始进攻了，宋高宗又从临安府逃往越州（今绍兴），随后又逃到明州。金兵紧追不舍，高宗乘船南逃，各地人民也一直在奋起抵抗着金兵。

◀ 宋高宗乘船逃难

▶ 韩世忠指挥黄天荡战役

中兴四将

金兵入侵的过程中，各地百姓纷纷起义反抗。据说，金兵撤退到金山、焦山及建康府东北的黄天荡时，十万金军被抗金名将韩世忠的八千水军伏击了。激战的时候，韩世忠的夫人梁氏亲自击鼓助战，双方激战了数十日，金兵才得以逃脱。著名的抗金将领岳飞率领军队，收复了建康府。统制张俊也积极组织宋军与金人展开战斗。宋高宗时的另一个大将是刘光世，金兵大举南侵时，他与韩世忠等一同镇守江南，屡立战功。岳飞、韩世忠、张俊、刘光世四人被后世誉为“中兴四将”。

▲ 岳飞

▼ 绍兴议和，南宋之耻

绍兴和议

尽管南宋出了许多著名的抗金英雄，但软弱的南宋政府仍然主张与金和谈，以保住自己的统治地位。公元1141年，宋高宗不顾岳飞、韩世忠等大臣的反对，与金达成了一个协议——《绍兴和议》，约定两国以淮水—大散关为界，划分领土。南宋割让唐州、邓州以及商州、秦州的大半地区，并需每年向金进贡银两和绢。

强敌压境

在南宋偏安一隅时，草原上的英雄成吉思汗统一各部落，使蒙古登上了争霸的舞台。蒙古灭掉西夏国之后，和南宋一起攻灭金朝。但危机并没有解除，南宋很快就受到了蒙古军队的攻击。

宋、蒙灭金

公元 1227 年，蒙古灭掉了西夏。蒙古征讨金朝，并派使臣到南宋，请南宋和蒙古一同灭掉金朝。于是，两国联合进攻金军，攻破了蔡州。当时金朝的皇帝金哀宗无路可走，自杀身亡，他的死标志着金朝在历经 120 年后，彻底灭亡了。

▶ 宋军与金军的攻城之战

蒙古攻宋

南宋政府趁金灭亡之际，想要一举夺回河南等地方。却在洛阳城被埋伏在当地的蒙古军队袭击，宋军失利，仓皇退军。这次军事活动激化了南宋和蒙古的矛盾，成了蒙古进攻南宋的借口。

▲ 蒙古入侵

钓鱼城之战

公元 1258 年底，蒙哥汗率主力入四川，次年，进攻钓鱼城一带，展开战役，钓鱼城地势险要，易守难攻。当时的守将王坚等人不顾蒙古军队的威胁，领导当地军民英勇守城，与蒙古军周旋了 5 个月之久，蒙哥在攻城中被击伤，后死于军中，蒙古军被迫撤围。之后忽必烈建立元朝，直到公元 1279 年南宋灭亡后，大势已去，忽必烈又答应绝不伤害城中百姓，守将王立才弃钓鱼城投降。王坚、王立等人以一城抵御蒙古军队 30 多年，让古今中外见识到了南宋军人的气节，钓鱼城也被欧洲人称为“上帝折鞭处”。

襄樊保卫战

公元 1268 年，忽必烈下令刘整、阿术率军围困襄阳、樊城（今湖北襄阳）。蒙古军采取了长期围困的策略，在两城四周修城筑围，封锁汉水，造战船，练水军，并且多次打败了南宋的援军。襄、樊两座城池被围断援长达 5 年之久，兵困民乏。公元 1272 年，襄阳城内的军民因张贵入援受到鼓舞，尝试进行夹击蒙古军，但失败了。很快，元军集中攻打樊城。宋军力战不支，守将牛富阵亡。苦守襄阳多年的吕文焕苦等不到援兵，开城投降。都统范天顺宁死不降，自缢而亡。襄阳、樊城的失守，加速了南宋王朝的灭亡。

▼ 襄阳被围

南宋的灭亡

南宋的统治者忠奸不辨，任用贾似道，结果贾似道欺上瞒下，排除异己，专权多年，将本就根基不稳的南宋推向了覆灭的深渊。

宋理宗是南宋第五位皇帝。

▲ 宋理宗宠信贾似道

贾似道屡屡升迁。

贾似道擅权

贾似道是宋理宗的宠妃贾贵妃的弟弟。由于姐姐获宠，贾似道也一荣俱荣。他向宋理宗隐瞒了与蒙古议和的真相，于是被宋理宗认为是“再造宋室的功臣”。凭借着宋理宗的信任，贾似道开始横行霸道，擅权多年。贾似道为人嫉妒心极重，他排除异己，巩固了自己的权力。公元1264年，宋理宗病死，宋度宗即位。宋度宗身体不好，智力低下，并且比宋理宗更加腐朽好色，就全权依赖于贾似道。于是贾似道的权力更大了。

贾似道的下场

元军攻下了襄、樊两座城池后，南宋的局势更加危急。公元1274年，宋度宗病死，当时只有4岁的赵显即位。由于他年龄太小，贾似道继续专权。很快，元军就再次攻打过来了。贾似道迫于朝野的压力，带兵十三万与元军作战，但他却幻想着能够与元人像之前一样议和。他派遣使者前去谈判，却被元人拒绝了。两军交战，宋大败。贾似道匆忙逃跑，被贬黜。后来，押送官在其被贬的途中就把贾似道杀掉了。

▼ 贾似道乘船逃跑

贾似道率军抵抗，却因贪生怕死而私自逃走。

▲ 抗元英雄——文天祥

拼死抵抗

公元1276年2月，元军攻占临安府，宋恭帝降。元军押送宋恭帝、文武百官和太学生等数千人北上。南宋许多的朝臣宁死不降，拼死抵抗，比如著名的文天祥。文天祥在江西、广东一带坚持抗元斗争，战败被押送到大都后，拒绝投降，在英勇就义之前还写下了“人生自古谁无死，留取丹心照汗青”的名句，至今被人们传诵。

流亡政权的灭亡

在元军逼近临安时，宋度宗的两个年幼的儿子被一些官员保护着，逃出了都城。后来，陆秀夫和张世杰在福州建立了一个流亡的小朝廷，赵昰被拥立为帝，是为宋端宗。元军攻打福建，流亡政权只好逃往海上。宋瑞宗死后，陆秀夫又拥立了赵昺为帝，坚持抗元斗争，但还是失败了。公元1279年陆秀夫背着小皇帝跳海而死。南宋的官兵战死或投海，张世杰突围而出，准备再起，却遇大风坠海而亡。至此，流亡政权亦为元所灭。

▼ 流亡的南宋政权

文学与艺术

宋代尽管战事频繁，但文学艺术取得了一定成绩。可以说，宋朝是一个非常有文化气息的朝代：上有宫廷画家、宋词文人，下有民间的说话人和戏班子。让我们一起领略一下吧！

夫妇二人志趣相投，以收集金石字画为乐。

李清照号易安居士，有“千古第一才女”之称。

▲ 李清照和丈夫赵明诚

词的兴盛

五代两宋时期，词逐渐盛行起来。最初的词是为了配合音乐来歌唱用的，词的句子长短不一。宋朝时，尽管战乱时有，但社会经济也得到了进一步的发展，这为文学艺术的繁荣提供了物质基础。北宋前期，著名的词人有晏殊，他写的《浣溪沙》中的“无可奈何花落去，似曾相识燕归来”已经成为千古名句。柳永、苏轼、陆游、辛弃疾等人也是著名的词作家，他们留下了许多风格各异的优秀词作。值得一提的是，宋朝还出现了一位非常有名的女词人——李清照。

▼ 陆游留下最后一首诗《示儿》

陆游是主战派代表人物。

陆游留存于世的诗有九千多首。

▶ 宋朝市井“说话人”

丰富的娱乐生活

商业的高度发达，使两宋的百姓们对精神层面的需求越来越高。两宋时期出现了专门供平民消遣的娱乐场所——勾栏和瓦舍。到了南宋，大城市里甚至出现了以娱乐为目的的体育组织。勾栏和瓦舍的出现，不仅丰富了两宋百姓的娱乐生活，更为“说话”“喜剧”“杂技”等艺术形式的融合交流搭建了平台。

话本小说

唐朝的时候就已经出现了“说话”和“市人小说”。宋朝时，“说话”已经成为了盛行的文艺形式之一。“话”在宋朝是故事的意思，“说话”指的就是讲故事，而说话的底本就是“话本”。这种文学形式在宋元达到高峰，比如一直流传至今的《三国志平话》《五代史平话》等。以“说话”来谋生的人就叫做“说话人”，有的人讲历史故事，有的人讲小说，比如北宋末年就有说三国故事的霍四究、说五代故事的尹常等。

▼ 宋代绘画成就颇高

绘画艺术

北宋初年，宫中设有翰林图画院。该院征集了大批的画家，专门为宫廷服务。宋徽宗时是画院发展的鼎盛期，要想进入宫廷画院，就必须通过绘画考试。绘画可以分为山水画、花鸟画、人物画等多种。宋朝出现了许多著名的山水画家，如五代北宋初的李成，北宋的范宽、郭熙、米芾，以及北宋末南宋初的米友仁、李唐等。花鸟画家则有黄筌、宋徽宗等。此外，张择端也是非常著名的画家。

科技进步

宋朝的科技有了进一步的发展，在建筑学、医药学、数学、天文学等方面出现了一批人才，推动了我国科技的进步。

建筑进步

李诫，字明仲，河南郑州人。他曾在北宋时期主持了许多城门、宫殿和官舍修建的工作，在工作中积累了许多的经验。他研究各朝代的建筑工程，并花了三年左右的时间编修了《营造法式》这部建筑学巨作。该书共34卷，反映了当时中国土木建筑工程技术所达到的水平，在中国建筑史上占有极为重要的地位。

▶ 宋朝土木建筑家——李诫

李诫是北宋著名的建筑学家。

▼ 宋代的针灸

宋代的太医院设有针灸科。

医学的发展

宋代时，医学的分科比过去更加的完备，有大方脉（治疗成人内科疾病的专科）、小方脉（治疗儿童内科疾病的专科）、风科、眼科、产科、针灸科、金疮兼书禁科（治疗刀剑等创伤的专科）、口齿兼咽喉科等。宋代的针灸学也更加完善。当时的太医王惟一总结了前人的针灸经验，统一了针灸的穴位，还和铜匠师配合，制作了两具铜人模型，为当时的针灸学教学提供了很大的便利。南宋人宋慈编写了《洗冤录》，论述了检验尸体的方法等，这是我国第一部司法检验的著作，后来被翻译成法文、英文等多种文字，流传广泛。

▲ 水运仪象台

天文学

北宋的苏颂和韩公廉制造了世界上第一座结构复杂而又可以自动运转的“天文钟”——水运仪象台。整个仪象台是一座约 12 米高的木结构建筑，分为三层：上层有一个露台，用来观察天象；中层可以准确地再现出不同时间的实际天象；下层则是转动机械和报时的装置。他们还写了这个机器的说明书——《新仪象法要》，这部书记载了水运仪象台的全部结构。他们的成就反映了我国 11 世纪在天文学方面所取得的成就。

数学

北宋时贾宪创造了高次方程数值的求解方法，在欧洲直到 19 世纪初才有英国和意大利的学者先后提出这种方法，比我国晚了近八百年。南宋时，杨辉撰写了《详解九章算法》一书，提出了二项式定理中求系数的方法，这种方法在欧洲直到 17 世纪才出现，即“帕斯卡三角”，也比我国晚了好几百年。秦九韶写了《数书九章》，记载了高次方程的数值解法等。李冶的《测圆海镜》和《益古演段》研究总结了“天元术”，为后人保留了唐宋数学领域的成就。

▲ 南宋数学家——杨辉

三大发明

宋代是我国古代科学技术高度繁荣的一个时期。宋代科学技术的新成就还表现在印刷术、指南针和火药这三个重大发明的完成和广泛应用上。这三项发明也是我国四大发明中的三项，对世界具有重大意义。

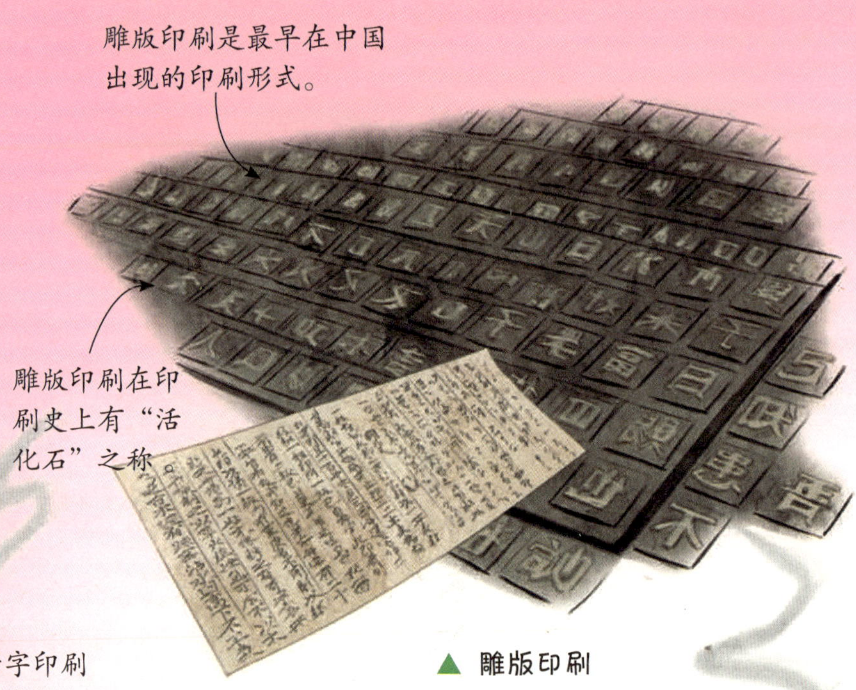

▲ 雕版印刷

▼ 活字印刷

毕昇和活字印刷术

宋代是雕版印刷的一个黄金时代。庆历年间，一个名叫毕昇的百姓进一步发明出了活字印刷术。用胶泥刻字，再用火烧硬，另外再制作一个铁板，板上均匀地敷上松蜡、纸灰等混合制成的粘胶物，板上四周设有铁框。到了印刷的时候，在框子里面把一个一个字排列好，制成一版，再持铁板用火烤，粘胶物熔化之后，就用另一个铁板把字压平，再等冷却后就可以上墨印刷。这项发明是印刷史上一个重大的突破，也是我国为世界做出的一个重大贡献。

▼ 司南

▼ 水罗盘

水罗盘是浮体磁针。

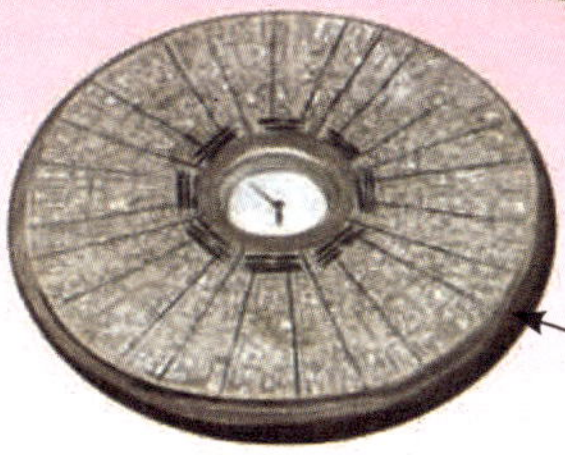

▲ 旱罗盘

旱罗盘出现在南宋时期。

指南针的广泛应用

北宋时期，指南针的使用已经相当普遍了。当时人们已经掌握了利用天然磁体进行人工磁化的技术。沈括在《梦溪笔谈》中记载了四种装置磁针的方法，这是历史上首次记录关于地磁偏角的信息，欧洲直到 1492 年才由意大利人哥伦布发现地磁偏角。北宋末年，指南针已经应用到了航海上。南宋时，还出现了将指南针安装在刻有度数和方位的圆盘上的罗盘针。这种罗盘针可以让船队在夜晚也能辨认方向，安全航行。

火药的发展

伴随着宋代采矿、冶金等工业的发展以及频繁的战争，火药和火器都取得了很大程度的进步。北宋时，在京城中有专门制造火药的官方手工业作坊。仁宗朝还出现了中国另一部官修《武经总要》，详细记载了“火炮火药法”“毒药烟球火药法”等配方，说明了火药的制造方法。这是世界上最早的关于火药配方和工艺程序的记载。南宋时，发明了管状火器，如火枪，可以把火药装在竹筒里点火喷射。后来又有人发明了叫“突火枪”的火器。

▼ 火器在战争中的使用

第三章 元朝

元朝是我国历史上第一个由少数民族建立起来的大一统王朝，这个少数民族就是蒙古族。他们以游牧为主，凭借强大的武力征服了中原、长江以南的地区，甚至还曾将统治范围扩张到了欧洲地区，成为我国有史以来疆域最大的王朝。在这个过程中，蒙古族如同迅猛洪大的泥石流与平稳沉寂的汉文化主流产生了碰撞、渗透、交融，促进了中华民族的进一步融合，也让中华文化迸发出更加强盛的生命力。

▲ 蒙古部落

成吉思汗称霸草原

12 世纪的蒙古草原可谓诸部并立，不同部落之间战争不断。铁木真童年时，父亲惨死。家庭变故让童年时的铁木真过上了颠沛流离的苦难生活，但这并没有消磨掉铁木真的意志。他凭借勇猛和智慧替父亲报仇雪恨，并不断扩张，成为蒙古草原上一股强大的力量。

少年铁木真

公元 1162 年，一个婴儿在漠北草原的蒙古包里呱呱坠地，这个婴儿便是铁木真。史书记载铁木真出生的时候“手握凝血如赤石”，是不凡之相。在铁木真 9 岁那年，他的父亲也速该就惨死了，也速该的部下叛离。铁木真的母亲带着铁木真开始了艰难的生活。由于同父异母的弟弟别克帖儿经常抢夺铁木真兄弟捕获的猎物，他便拔箭射杀了别克帖儿。

▼ 被欺凌的铁木真

与拜把兄弟札木合反目成仇

铁木真儿时认识了札答阑部的札木合，二人结为义兄弟。铁木真被拥立为蒙古大汗后，札木合开始忌妒起来。后来双方矛盾激化，札木合带领十三部约三万人马征讨铁木真，铁木真也组织了十三翼军队迎战，铁木真战败。但札木合胜利以后，竟然将俘虏残忍地烹杀，这种残暴的行为引起了许多部族的不满，他们转而投靠了铁木真，铁木真的实力反倒更加壮大起来。

▲ 铁木真投靠札木合

铁木真为父报仇

在铁木真 9 岁那年，父亲在为他选妻的返途中被塔塔儿部下毒，不久身亡。此后，在铁木真成长的过程中，他心里一直埋着为父报仇的种子。金朝此前一直利用塔塔儿部落制衡其他蒙古族部落，但公元 1195 年，塔塔儿部抢劫了金国的羊、马等牲畜后开始反叛。这一举动让金朝十分愤怒，于是大金皇帝向其他蒙古族部落发出一起征讨塔塔儿部的邀请。公元 1196 年，金军大败塔塔儿，塔塔儿残留部队向北逃窜，铁木真联合克烈部王汗，与金兵将其围歼，杀死塔塔儿首领。

成吉思汗统一草原

铁木真不断发起征讨，他的实力迅速壮大，逐渐控制了整个漠北草原。公元 1206 年，铁木真被推举为全蒙古的大汗，“大蒙古国”正式成立。为了表明铁木真称蒙古大汗是顺从天意，萨满教徒为铁木真进行加冕，承认铁木真为“成吉思汗”。

▼ 铁木真成为草原之主，称为“成吉思汗”

帝国的对外扩张

成吉思汗称霸漠北草原，建立蒙古国后，他成为草原上最大的统治者。接下来，一代天骄成吉思汗便开始带着蒙古国扩张了！

一路向西征讨西辽

在铁木真落魄的时候，脱黑脱阿曾带领蔑儿乞部偷袭，还抢走了他的妻子。公元 1204 年，铁木真和蔑儿乞部落决战，大获全胜。脱黑脱阿的儿子纠集了部落的残余势力，企图东山再起。公元 1217 年，速不台率兵讨伐蔑儿乞部，将其全部消灭。西辽的国王屈出律是曾经敌人太阳汗的儿子，公元 1218 年，成吉思汗命哲别率军进攻西辽，屈出律一听蒙古大军来袭，非常恐惧，立刻逃走。后来，屈出律被捕处死，西辽的官员相继归附，西辽灭亡。

花剌子模引火上身

在成吉思汗称霸草原时，花剌子模也处于东征西讨的阶段。花剌子模国摩诃末曾派使团前往中都一探蒙古国的实力，成吉思汗也派使团回访了花剌子模，并派使者转达自己的意思：希望两国修好，和平通商，且会把花剌子模当儿子一样对待。花剌子模对被当成儿子极为不满，在后来的通商过程中，蒙古国商人被杀，成吉思汗希望和平处理，派遣使者商讨处理问题的方式。哪知花剌子国摩诃末竟然将一个使者杀死。这彻底激怒了成吉思汗，于是他率军问罪，占领了花剌子模的许多城市，摩诃末弃城逃跑。

▼ 蒙古铁骑四处征讨

▼ 蒙古军队与花剌子模军队交战

北上攻打斡罗思联军

公元 1221 年，蒙古军队击败花剌子模主力后，并没有停下征讨的脚步。成吉思汗命部下哲别和速不台继续征讨钦察人。他们进军高加索山脉南北区域以及今俄罗斯南部。公元 1222 年，哲别和速不台率军攻打钦察人。钦察人不敌，向斡罗思请求援助，斡罗思就是俄罗斯的古称。斡罗思认为唇亡齿寒，应当联同抗敌，于是出兵。在双方战争时，蒙军佯装失败而去，使斡罗思一时骄傲轻敌。等斡罗思人尾随至迦勒迦河后，蒙军开始了猛烈攻击，斡罗思联军溃不成军。

旭烈兀西征深入东欧

窝阔台去世后，成吉思汗幼子拖雷的长子蒙哥在经过一系列斗争后登上了汗位。他进行第三次西征，由旭烈兀统领，目标是征服里海以南的木剌夷国和报达（今巴格达）。公元 1253 年，旭烈兀率军出征，大军一路经过阿力麻里（今中国新疆霍城西北方的阿脱诺克）、土耳其斯坦（今哈萨克斯坦巴尔喀什湖以南、锡尔河以北地区）、撒麻耳干（今乌兹别克斯坦撒马尔罕）等。公元 1256 年，蒙军向木剌夷国（今伊朗北部）进军。此后，旭烈兀又继续率军向阿拔斯王朝、叙利亚阿尤布王朝进攻。

长子西征

公元 1227 年，成吉思汗去世，窝阔台继承汗位。公元 1235 年，窝阔台召开会议，命各支宗室以及万户以下的各级那颜均派长子出征，讨伐钦察等尚未征服的国家，所以叫“长子西征”。1236 年，蒙古诸王率兵征服不里阿耳。1237 年，进兵斡罗思，征服莫尔多瓦。1238 年，连续攻破科罗木纳、莫斯科、罗斯托夫等十余座城市。1241 年，又兵分两路，一路进军孛烈儿，即今波兰；一路进军马扎儿，即今匈牙利。

▼ 蒙古西征

元朝的建立

蒙哥病逝后，忽必烈登上了汗位。此后，忽必烈建立了元朝，是为元世祖。他彻底摧毁了南宋政权，统一了中国。

忽必烈登上汗位

忽必烈是铁木真第四子拖雷正妻的第二子，也就是成吉思汗的孙子。公元 1259 年蒙哥病逝，正在外征战的忽必烈得知消息后，决定与南宋继续交战。在双方战争胶着之际，其夫人密信告知他，他的弟弟阿里不哥正在策划继承汗位。于是，忽必烈立刻退师回去争夺汗位。公元 1260 年忽必烈召开忽里勒台，邀请宗王参与推举他为大汗。一个月后，阿里不哥也召开大会，即大汗位。于是忽必烈亲征和林，攻打阿里不哥。阿里不哥战败后，忽必烈改年号为“至元”，蒙古国的发展进入了新阶段。

▶ 成为新大汗的忽必烈

▲ 崖山海战

崖山海战灭亡南宋

忽必烈登上汗位后，开始着手统一中原。崖山海战是统一中原的决定性一步，是南宋与蒙古国的海上决战，最终元军以少胜多，全歼宋军。公元 1279 年，陆秀夫见形势已经无法转变，便背着小皇帝赵昺投海自尽，随行的许多忠臣也相继投海殉国。七日后，海上的浮尸有十万余。此次战役标志着南宋的彻底灭亡，元统一了整个中国。

忽必烈征讨日本

忽必烈曾多次派遣使者前往日本，但日本拒绝遣使往来。于是，忽必烈产生了用兵征讨的念头。公元 1274 年，忽必烈命令下属带着几百艘大船，士卒一万五千人，远征日本。日本当时仅仅是个小国，与庞大的元朝相比似乎不值一提。由于元军在战斗力和战术方面都远胜于日本，最初日本节节败退。后来，元军援兵不济，被迫撤退，途中遇暴雨大风，导致损失惨重。公元 1281 年，元军再次征讨日本，天公不作美，元军又遭到了台风袭击，最终以失败告终。

忽必烈兵败爪哇

爪哇即今天印尼的爪哇岛。公元 1280 年到 1286 年，忽必烈先后 5 次遣使至爪哇。爪哇回派使节表示通好。公元 1289 年，忽必烈又派使臣出使爪哇，要求爪哇国王亲自来朝觐。爪哇国王命人在元使脸上刺字污辱。忽必烈以此为借口，发动了征伐爪哇的战争。这时的爪哇也正处于内乱中，爪哇王被杀。爪哇王的女婿韦查耶表示向元军投降，希望元军帮助他复仇。元军大喜，三战三捷，帮助韦查耶打败了敌人。韦查耶谎称自己回国准备归降表，却暗地里杀死护送他的元军，并返回偷袭元军。元军刚帮他们打完仗，非常疲惫，没料到会被暗算，因此失败了。

▼ 惨败的元军

▲ 铁穆尔登上皇位

守成之治

公元 1294 年，忽必烈在大都病逝，他的孙子铁穆耳继承皇位，是为元成宗。元成宗带着元朝又有了怎样的发展呢？

元成宗即位

事实上，元成宗铁穆耳并非皇位继承人。公元 1273 年，忽必烈便立了自己的次子真金为皇太子，然而真金早年却受朝中斗争影响死亡。在真金的长子甘麻剌和三子铁穆耳中，按理说，应是长子甘麻剌继承皇位。但是，真金太子妃阔阔真却更加偏爱幼子铁穆耳。公元 1294 年，世祖驾崩后，支持铁穆耳的大臣合作演了一出戏，帮助铁穆耳登上了皇位。为了让铁穆耳的即位合情合理，阔阔真指派御史中丞崔彧当着文武百官进献给铁穆耳传国玉玺。大臣们看到后说：“‘受命于天，既寿永昌’，这是传国玉玺啊！”铁穆耳就这样登上了皇位。

八百媳妇国

元成宗继位后，听从了刘深的建议，决定出征八百媳妇国。八百媳妇国位于今泰国清迈与缅甸掸邦一带。据说，这个地方的国王有八百个媳妇，每个媳妇各自统领一个寨，所以称为八百媳妇国。战争还没开始，元军由于疾病、行军就损失了一大半。于是，刘深命黔西土官之妻蛇节帮他。蛇节假意应诺，却联合其他土官，凭借熟悉的地势，一起围攻刘深。元军大败，刘深幸得元朝的宗王相救而未被杀死。

▲ 八百媳妇国象兵

▲ 皇后卜鲁罕摄政

继承人之争

元成宗铁穆耳去世后，朝中再次展开了争夺皇位的斗争。按照蒙古旧制，在皇位出现空缺时，暂时由皇后卜鲁罕摄政。卜鲁罕企图拥立成宗的堂弟安西王阿难答为帝；而掌握中书省权利的哈剌哈孙则想要将皇位传到海山兄弟那里。为了争夺皇位，宫廷爆发了一场血腥的政变。最后，通过忽里勒台，海山继承了皇位，即武宗。他继承皇位后，立马秋后算账，将皇后卜鲁罕废掉。

武宗用人唯亲

武宗即位后，为了争取诸王大臣的拥戴和支持、巩固自己的皇位，他用人唯亲，且立了自己的同母弟弟爱育黎拔力八达为皇太子。他还将原来中书省的官员都更换掉，大量起用自己的亲信、近侍担当要职。他还在中书省外加设尚书省，以之作为实际上的中枢机构。这一举动遭到了中书省一众官员的不满，武宗只好暂时取消了尚书省。但到爱育黎拔力八达领中书省后，武宗重开尚书省，军国大事全经自己的亲信处理。

▼ 武宗海山重用亲信

▲ 红巾军起义

元朝的覆灭

元朝后期，元朝贵族对汉人进行了愈来愈残酷的剥削和奴役，加上黄河水患，民不聊生。在这样的情况下，元朝不断衰败，最终走上了灭亡的道路。

▲ 起义军被残忍镇压

红巾军起义

公元 1344 年黄河水患严重。1351 年，惠宗命贾鲁为工部尚书兼总治河防使，管理黄河水患问题。虽然最后在治河方面取得了成功，但在治河过程中，15 万民工不仅要在军队的监视下劳作，还经常被治河官吏克扣工钱和伙食，矛盾由此不断被激化。于是，白莲教徒韩山童等人借助这一时机开始武装起义。一方面，他们大力宣传“弥勒下生”“明王出世”；另一方面，他们在治河开工以前暗地里凿了一个独眼石人，煽动反动的思想。石人挖出后，消息迅速传播到大河南北。当韩山童和刘福通等人聚集 3000 多人在颍上具宣布起义时，元朝地方官突然袭击，韩山童被捕牺牲。刘福通突出重围，率领起义军占领颍州，大起义正式爆发了。

元军猛烈镇压红巾军

面对起义，元朝统治者加紧了对汉人、南人的防范。同时，元廷以封官许愿来纠集富豪巨商，组织地主武装。在地主武装的帮助下，起义军损失重大。

中原红巾军始终是元廷的心腹之患，元廷先派遣御史大夫也先帖木儿和卫王宽彻哥率军十余万前往河南进行镇压，之后又增派知枢密院事老章到河南镇压起义。几个月后，元军攻破上蔡，捕杀了红巾军韩咬儿。公元 1352 年 8 月，脱脱又亲率大军屠杀红巾军。经过两年的战斗，红巾军取得了一定的成就，也遭到了挫折。

高邮之战

当红巾军处于战争劣势时，泰州盐贩张士诚等人因为忍受不了盐警的欺压，于 1353 年募集了大批盐丁，起义抗元。1354 年，张士诚自立为王，国号为大周，改元天佑。元惠宗命令脱脱出征高邮。于是，脱脱率兵抵达高邮，张士诚大败，撤退到城里不敢再出来。高邮被围后，张士诚就在城中和部下议论投降的事情，因为害怕即便投降还是会被杀死，所以不敢出城投降。就在这时，惠宗突然下令削夺了脱脱的兵权，张士诚趁元军更换主帅之际，果断出击，百万元军大败而逃。

▲ 反抗元朝的农民起义——高邮之战

元朝的灭亡

高邮之战后，北方和南方的红巾军又重新积蓄力量，展开了更大规模的反元斗争。朱元璋因为本身农民阶级的属性深厚，稳扎稳打，一步步发展壮大，最终担当起了推翻元朝、统一全国的历史使命。公元 1367 年，朱元璋的大将徐达攻破平江城，攻占了江南。公元 1368 年，朱元璋称帝，国号大明，年号洪武。朱元璋一路北上，元军大乱阵脚，节节败退。公元 1368 年，明军入大都，元亡。公元 1370 年，元朝末代皇帝病亡，年 51 岁，被朱元璋加号顺帝。

▼ 朱元璋率军攻破元营

元朝的文化成就

元朝统一中国后，营造了有利于各民族文化交流发展的良好环境，开创了中国各民族文化全面交流融合的新局面。

元曲

元朝疆域非常辽阔，城市经济也异常繁荣，且元朝包含着各具特色的民族文化，这些因素都促进了元曲的形成。元曲是流行于元朝的文学艺术形式，包括杂剧和散曲。杂剧是在宋杂剧、金院本和诸宫调的直接影响下，融合了讲唱、舞蹈等表演形式后形成的。著名的元杂剧有关汉卿的《窦娥冤》、王实甫的《西厢记》、马致远的《汉宫秋》等。散曲则是盛行于元，是没有宾白的曲子形式，以抒情为主。元曲与唐诗、宋词、明清小说鼎足并举，极大地影响了我国文学的发展。

▼ 元曲《西厢记》

▼ 元曲《窦娥冤》

《农桑辑要》

《农桑辑要》是元朝大司农司的畅师文（一说孟祺）主持撰写的一部综合性农书。一般认为这本书于公元1273年完成初稿，就是为了推广农业技术，指导各地的农业生产。《农桑辑要》承袭了过去几部重要农书的丰富遗产，总结整理了13世纪以前的农耕技术经验。全书共7卷，分别阐述了我国古代与农业相关的一些传统习惯，农作物如何栽培，家畜、家禽如何饲养等技术。《农桑辑要》是对我国农桑生产经验的总结。

郭守敬与《授时历》

元朝初年，沿用的是金朝的《重修大明历》。这个历法已用了几十年，积累了相当大的误差，所以重修历法迫在眉睫。公元1276年，元世祖忽必烈攻灭南宋，重修历法被提上议程。郭守敬通过好友王恂的推荐，参与修历。《授时历》是元世祖按照“敬授民时”的寓意取的名字，它完全废除了上元积年法，打破了古代制历习惯，是我国历法史上的一次大改革。

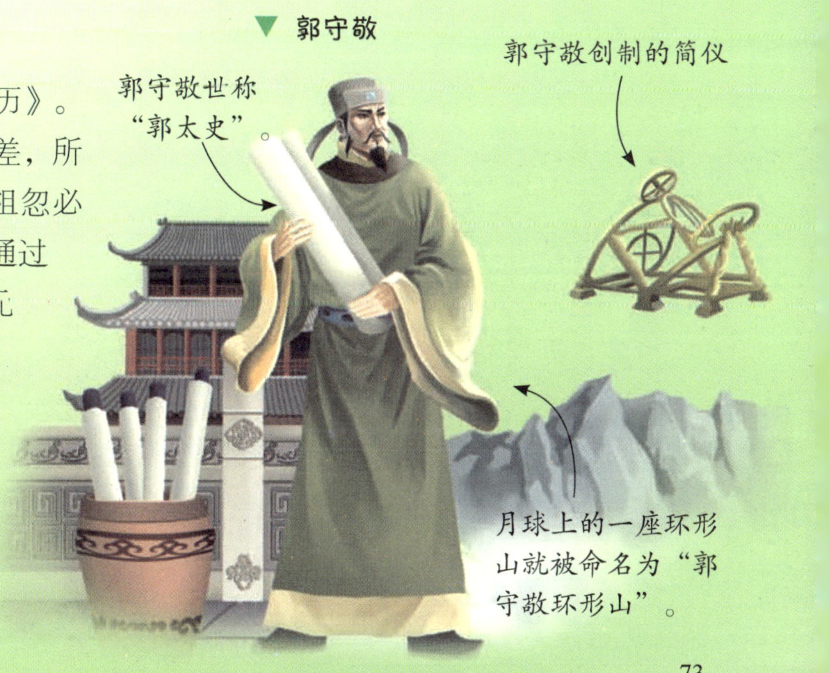

A BRIEF HISTORY OF CHINA FOR CHILDREN

中国简史

少年简读版 ④

毛瑞方◉主　编

青岛出版集团 | 青岛出版社

图书在版编目（CIP）数据

中国简史 : 少年简读版 . 4 / 毛瑞方主编 . — 青岛 : 青岛出版社 , 2024.1
ISBN 978-7-5736-1754-5

Ⅰ . ①中… Ⅱ . ①毛… Ⅲ . ①中国历史 — 少年读物 Ⅳ . ① K209

中国国家版本馆 CIP 数据核字 (2023) 第 226714 号

ZHONGGUO JIANSHI（SHAONIAN JIANDU BAN）

书　　名	**中国简史**（少年简读版）
主　　编	毛瑞方
出版发行	青岛出版社（青岛市崂山区海尔路 182 号）
本社网址	http://www.qdpub.com
责任编辑	李康康
助理编辑	张　鑫
封面设计	刘　帅
排　　版	青岛艺鑫制版印刷有限公司
印　　刷	青岛新华印刷有限公司
出版日期	2024 年 1 月第 1 版　2024 年 1 月第 1 次印刷
开　　本	16 开（889mm×1194mm）
印　　张	20
字　　数	400 千
书　　号	ISBN 978-7-5736-1754-5
定　　价	136.00 元（全四册）

编校印装质量、盗版监督服务电话　4006532017　0532-68068050

前言

PREFACE

历史，是一本有趣的百科全书。每个时期，人们都会不约而同地把自己所经历的事情记录下来，即便是在茹毛饮血的原始时代，也有刻画在墙上或石器上的生活场景，他们以此证明着自己的存在。

但我们所知道的历史，并不完全是它本来的样子，我们也无法通过某一本史书洞悉几千年历史发展的来龙去脉。尽管如此，历史的意义仍然不容小觑。“以史为镜，可以知兴废”，历史中有跌宕起伏的故事，有薪火相传的文明，有世事变迁的规律，有带领人们向前发展的力量。

大约 170 万年前，早期人类就生活在中华大地上了，中华文明就此悄然萌芽。经过漫长的积淀，五千年前，文明之火在这片东方大陆上点燃。从君主制的建立到青铜器的发明，从分裂割据到王朝统一，从鼎盛到低谷，从没落到崛起，中华民族在历史的滚滚洪流中不屈不挠、不断向前，缔造了群星闪耀、光辉灿烂的历史天空。

撷取中国历史的重要节点，我们编写了《写给孩子的中国简史》，从史前时代讲到夏商西周，从春秋战国说到秦皇汉武，三国、两晋、南北朝、隋、唐、五代十国、宋、元、明、清……朝代更迭不断，中华文明绵延千年。我们将波澜壮阔的历史用简洁而详实的文字叙述，用精美而多彩的画作描绘，希望小读者能大致掌握中国历史的面貌，探寻历史演进的规律。

目录
CONTENTS

第一章
明朝的辉煌与衰落

第二章
大清王朝

第三章
沉睡的巨龙

第一章

明朝的辉煌与衰落

朱元璋经过多年征战，统一了全国。随后，他在政治、军事等方面革故鼎新，加强了中央集权，采取了一系列恢复和发展社会经济的措施。到了明朝后期，帝国开始走向衰落，宦官当权，吏治腐败，土地兼并加剧，农民起义频频爆发。最终，阶级矛盾的激化导致了明朝灭亡。

一代帝王朱元璋

朱元璋是极具传奇色彩的一位帝王，他出身草根，曾出家为僧，后来凭借自己的才智和勇猛建立了明朝。

朱元璋的成长史

朱元璋是明朝的开国皇帝。1328 年，朱元璋出生在濠州钟离（今安徽凤阳东北）。因为家境贫困，朱元璋小时候曾为地主放牛。后因瘟疫流行，朱元璋的父亲、母亲和兄长都相继去世，十几岁的朱元璋只好到皇觉寺为僧，以求温饱。朱元璋 25 岁时，投奔了郭子兴的起义部队，由于才能出众，很快得到了郭子兴的器重。郭子兴病逝后，小明王韩林儿任命朱元璋为左副元帅，朱元璋进入了起义军的核心领导层。

▲ 乞讨的朱元璋

▼ 势力逐步强大的朱元璋

朱元璋的奋斗史

1356 年，朱元璋带兵攻下集庆路（今江苏南京），并将其改名为“应天府”，以应天府为根据地，分兵攻打镇江等地。朱元璋十分注重招揽人才，因此有冯国用、陶安、朱升等一批文人武士追随他。其中，朱升向朱元璋提出“高筑墙、广积粮、缓称王”的策略，这对朱元璋后来顺利称帝起到了关键作用。在朱元璋不断发展自身势力的同时，另外一支以陈友谅为首的势力也在不断壮大。1363 年，陈友谅企图与朱元璋决战。最终，朱元璋部队以少胜多，陈友谅丧命。

▲ 朱元璋建立明朝

登基为帝

1368年正月，朱元璋在应天府称帝，改元洪武，定国号为明，一个新的王朝自此建立。此时的朱元璋没有时间休息，北边有逃回草原的元顺帝在长城外虎视眈眈，两广地区、福建、四川、云南和河西走廊地区的割据势力以及元朝余党也都尚未消灭。经过艰苦的战争，朱元璋终于完成了全国的统一。

明初四大案

朱元璋登基后，轻徭薄赋，勤政爱民，史称这段时期为“洪武之治”。可与百姓相比，朝堂上的官员们可就没那么轻松了。朱元璋对官吏的“严酷”，从著名的“明初四大案”里就可见一斑：“胡惟庸案”——杀丞相胡惟庸，废丞相制，撤中书省；“蓝玉案”——杀大将蓝玉，铲除了“将权”对“君权”的威胁；处理贪官污吏的“空印案”“郭桓案”更是威慑天下官吏。此四案株连之广，前所未见，开国重臣名将接连被杀，这为“靖难之役”中朝廷军队的惨败埋下了伏笔。

▲ 朱允炆与大臣商议削藩

大难临头

朱元璋去世后，他的长孙朱允炆继位。但朱元璋的很多儿子都对朱允炆不服气，加上朱允炆决定削藩，于是一场新的较量开始了。在这次较量中，朱棣大胜，成为新的皇帝。

朱允炆削藩

1398年，朱元璋病逝，皇太孙朱允炆继位，是为建文帝。建文帝称帝时，北方诸王手握重兵，并不完全臣服于他。建文帝登基后便和大臣们商议削藩的事情。但在中国历史上，凡是削藩，必定会使皇族内部的矛盾迅速激化。这些藩王也不会坐等祸从天降，他们也正在积极筹备，寻找机会主动出击。

◀ 靖难之役，火烧皇宫

燕王朱棣称帝迁都

燕王朱棣登基称帝，改元永乐。为了稳固自己的皇位，防止有人篡权夺位，朱棣在很长的一段时间里对藩王仍然坚持削弱政策。他将宁王朱权迁到南昌，随后又把齐王和谷王贬为庶人，并削减了岷王、辽王和周王的护卫军，进一步加强了自己的权力。1420 年，朱棣下令迁都北京，其目的在于更好地加强对北方的控制。

靖难之役

1399 年，燕王朱棣以“清君侧，靖内难”的名义起兵。朱棣在朱元璋征战天下时出生，跟随过徐达、常遇春等名将，骁勇善战。反观朝廷，经过朱元璋的清洗之后，早就无将可用。建文帝不得已派出年近 70 的老将耿炳文以及从未统领过大军的心腹李景隆率兵应对。经过 3 年的斗争，1402 年，燕王朱棣取得了“靖难之役”的最终胜利，夺取了帝位。

▼ 朱棣登基，迁都北京城

▲ 航海家郑和

郑和下西洋

明朝初年，社会秩序逐渐恢复，经济进一步发展。永乐年间，明成祖朱棣重用宦官郑和，派他 7 次下西洋，宣扬国威……

宦官郑和

郑和是历史上的著名人物。他原本姓马，小字三保，云南昆阳（今云南晋宁）人，后来在靖难之役中，由于跟随燕王朱棣起兵，立下功劳，被赐郑姓，并被提拔为内官监太监。永乐年间，朱棣重用宦官，就让郑和担任正使，率领船队出使“西洋”。

郑和下西洋

为了发展对外关系，永乐年间，朱棣派郑和率领船队下西洋。从 1405 年到 1433 年，郑和奉命先后 7 次下西洋，他率领明朝规模浩大的船队，跨越亚洲、非洲，行船到达占城（今越南南部）、锡兰山（今斯里兰卡）、满剌加（今马六甲）、小葛兰（今属印度）、溜山（今属马尔代夫）、麻林迪（今属肯尼亚）等 30 多个国家和地区。

庞大的船队

郑和下西洋时曾率领200多艘海船，其中有62艘“宝船”，最大的船长44丈、宽达18丈，也是当时世界上最大的木帆船。随行的人员有水手、船师、卫兵、工匠、医生、翻译等共计20000多人，规模巨大。船上有当时世界上最为先进的罗盘、航海图等。郑和船队满载瓷器、茶叶、丝绸、金银等各种产品，用以交换其他国家和地区的象牙、香料、宝石等物品。

深远的影响

郑和船队每到一国，就和当地建立起友好关系，并表明希望与各国和平进行贸易往来的意向，受到了大多数国家和地区的统治者与百姓的欢迎。郑和到锡兰时，向岛上的大寺赠送了大量的金银财物，并立碑纪念。此碑于1911年在斯里兰卡被发现，碑文由三种文字书写，分别是泰米尔文、波斯文以及汉语，充分表现了郑和与西洋诸国和平交流的初衷，郑和下西洋也成为人类扩展海上航路的重要一环。

▼ 远航的郑和船队

与少数民族、日本的交往

明朝建立后，明朝在与外族的关系处理上基本上采取和平相处的方针，通过派遣中央官员到当地任职或令边疆民族的旧官到京城任职等方式，来处理与边疆地区少数民族的关系。中国和日本在历史上曾长期处于友好互助的关系，但明朝时期部分日本流寇跨海骚扰我国东南沿海地区，后被民族英雄戚继光平定。

明朝与蒙古族

明朝战胜元朝后，重回草原的蒙古族开始了漫长的分裂时期，逐渐形成了两大集团对立的局面——东部的鞑靼与西部新崛起的瓦剌，这两个部族与明朝的摩擦从未停止。而自元朝以来长期与中原交流，生活在明朝北方边境附近的一些蒙古族部落则与明朝维持着友好关系，兀良哈部落就是其中的代表。早在朱元璋在位时，明朝就在兀良哈部落地区设置了朵颜、福余和泰宁三卫指挥使司，也称为“朵颜三卫”来充当明朝与蒙古部落的“缓冲带”。

▼ 明朝军队与鞑靼部落之间的战争

▲ 修建明长城

修建明长城

为抵御外族入侵，明朝修筑了从山海关到嘉峪关的长城，并设置了多个重镇，派兵驻守。这些明朝长城的遗迹，今天我们还可以见到。

明朝与畏兀儿族

畏兀儿族也被称为“回鹘”，是历史上生活在我国西北的一个民族。明朝时期，他们分裂成了许多小政权，互相之间战争不断，而其中势力最大的就是别失八里、吐鲁番、哈密等政权，其中哈密更因为地处明朝、吐鲁番、瓦剌蒙古三地交界处，在三地间几经易手。为了应对错综复杂的西北局面，明朝依朵颜三卫之例，在边界设置了“关西七卫”以维护西北的稳定。

明朝与藏族

藏族历代居住的地方被称为西藏，明朝时叫乌斯藏。当时的藏族主要是以畜牧业为主业，还种植青稞、小麦和荞麦等农作物，他们的统治上层是喇嘛和各部的首领。明朝初年，朱元璋派遣使者让藏族的酋长推举之前元朝的官员到明朝任职。于是，元朝时的摄帝师喃加巴藏卜到了明朝，被朱元璋封为“炽盛佛宝国师”。随着明朝对西藏管理的不断加强，来京城的喇嘛和官商也越来越多。

▼ 喃加巴藏卜被朱元璋封为国师

中日交流

明朝初期，朱元璋曾经多次遣使前往日本，日本也多次遣使来华，两国关系友好。入明的日本使者会从宁波至北京，沿途经过杭州、南京、扬州等大都市进行贸易往来。明朝中后期，日本输入中国的商品包括铜、硫黄、刀、苏木等，中国的使者或商船也会去往日本，带去书籍、字画、金银、丝绸等。

▲ 明朝前往日本的商船

▼ 抵抗倭寇的戚家军

倭寇侵扰

在中日交往过程中，也有不利于两国友好关系发展的事情发生。元末明初，日本处于分裂时期，日本诸侯长期混战，催生了大量的武士阶层。这些武士阶层落魄后，便到中国东南沿海一带侵扰我国百姓，并逐渐发展成倭寇的主体。朱元璋采取积极防御政策遏制了倭患，但后来，随着明朝政治的腐败和海防的松懈，倭寇卷土重来，曾侵扰浙江台州一带，屠杀当地百姓，烧毁房屋，给当地的中国人民带来无穷灾难。

▲ 戚继光

中倭混合

到了嘉靖年间，中国一些富豪雇佣流民下海经商，从事走私贸易，违反了明朝的法律。他们利用日本落魄武士组成武装集团，在日本等地建立海外据点，最终形成了一股破坏祖国东南沿海地区稳定的武装力量。鉴于这种复杂的倭患情况，1555年，大臣张经组织士兵进行抗倭斗争，并斩杀敌军近2000人，吹响了明朝东南抗倭的号角，可惜张经本人却被奸臣陷害，含冤而死。

抗倭英雄戚继光

抗倭战争中最有名的人物便是民族英雄戚继光。戚继光，山东登州（今山东蓬莱）人。他曾经以“封侯非我意，但愿海波平”表明自己的志向。赴任东南后，戚继光发现浙江金华府义乌县民风彪悍，农民、矿夫都勇猛善战，于是招募了当地3000多人，组成了一支“戚家军”。他率领戚家军使用新式武器与阵形，多次重创倭寇，最终平定了东南倭患，还百姓以太平。戚继光也因此成为我国历史上著名的抗倭英雄，他的故事世代流传。

强盗西来

元末明初，明朝统治者在北方设防，一定程度上阻碍了明朝与西方的陆路沟通。与此同时，明朝在东南沿海方面的保守政策更是使中国和世界隔绝开来，殊不知外面的世界正在发生翻天覆地的变化。

▲ 葡萄牙使者觐见明武宗

葡萄牙人的到来

1517年，葡萄牙使者抵达广州，他们在广州海面附近停留许久。不久后，他们贿赂了在广州镇守的宦官，终于获得了入京觐见的机会。而此时留在广东的葡萄牙殖民者却开始进行抢掠活动。明武宗去世后，明世宗继位，对葡萄牙采取了禁绝政策，广州的官员要求葡萄牙人撤出屯门岛，葡萄牙人不从，与明军交战，后大败退出。

▲ 葡萄牙使者贿赂明朝官员

葡萄牙占领澳门

1553年，葡萄牙人通过贿赂明朝官员，借口要到澳门岸上晾晒货物，希望可以上岸停留。起初他们只盖了几间房屋，可到了1557年，葡萄牙人已经基本在澳门定居，到1583年，他们甚至设立了澳门议事会，并且建设了炮台，这个地方很快发展成了一个贸易中心。葡萄牙人逐渐成为中国大陆与日本、南洋通商的一个中介，获利颇丰。

荷兰占领台湾

葡萄牙入侵中国之后，荷兰也侵占了我国国土。1622年，荷兰人在澎湖列岛登陆，强迫当地的岛民为他们建筑炮台、军营。他们还对附近的金门岛、厦门等地大肆进行烧杀抢夺。福建巡抚调兵进攻澎湖后，荷兰人见势不妙，又转而侵占我国台湾南部。1642年，荷兰打败了西班牙，侵占了整个台湾。

▼ 澳门之战

土木之变

土木堡在今天的河北省怀来县，位于居庸关至大同长城一线的内侧。土木之变发生于1449年，是明英宗朱祁镇北征瓦剌时的一次事变。

▶ 瓦剌侵扰明朝边境

瓦剌的野心

1439年，瓦剌的首领脱欢去世，他的儿子也先称太师淮王。也先的政治野心很大，他不满足于现状，与沙洲、赤斤蒙古等其他势力联姻，建立了“甘肃行省”，目的是打破明朝西北的屏障。他在东面又主动侵扰女真的许多部落，同时还多次出兵侵扰明朝的大同、宣府、辽东等边镇，企图向中原扩张。

▼ 瓦剌使者觐见明朝皇帝

不平等的朝贡贸易

长期以来，蒙古族与明朝之间有着朝贡和民间马市两种贸易方式。外邦来朝贡时，明朝往往为了彰显国威，会给使者价值远超贡品的赏赐。但是瓦剌却把朝贡作为他掠夺财富的主要手段。后来，瓦剌的朝贡使者越来越多，有的使者甚至谎报人数多领赏赐。终于有一次，明朝严格按照使者人数发放赏赐，同时拒绝了使者大部分无理的要求，也先以此为由联合各部一起攻打明朝。

土木之变

也先兵分四路，他自己率领其中的一队人马进攻大同。当时的皇帝明英宗宠信大太监王振，对他言听计从。听闻边关告急，毫无军事经验的王振带着英宗几天内就集结了大军从京城出发，谁知刚到大同，还没与敌人战斗，王振就下令撤退。王振先带着英宗和几十万大军来到自己的家乡，接着又绕路撤退，终于在土木堡被攻破大同的也先部队追上，毫无战意的明军被也先军队冲杀得几乎全军覆没，英宗被俘，史称“土木之变”。

▼ 明英宗被俘

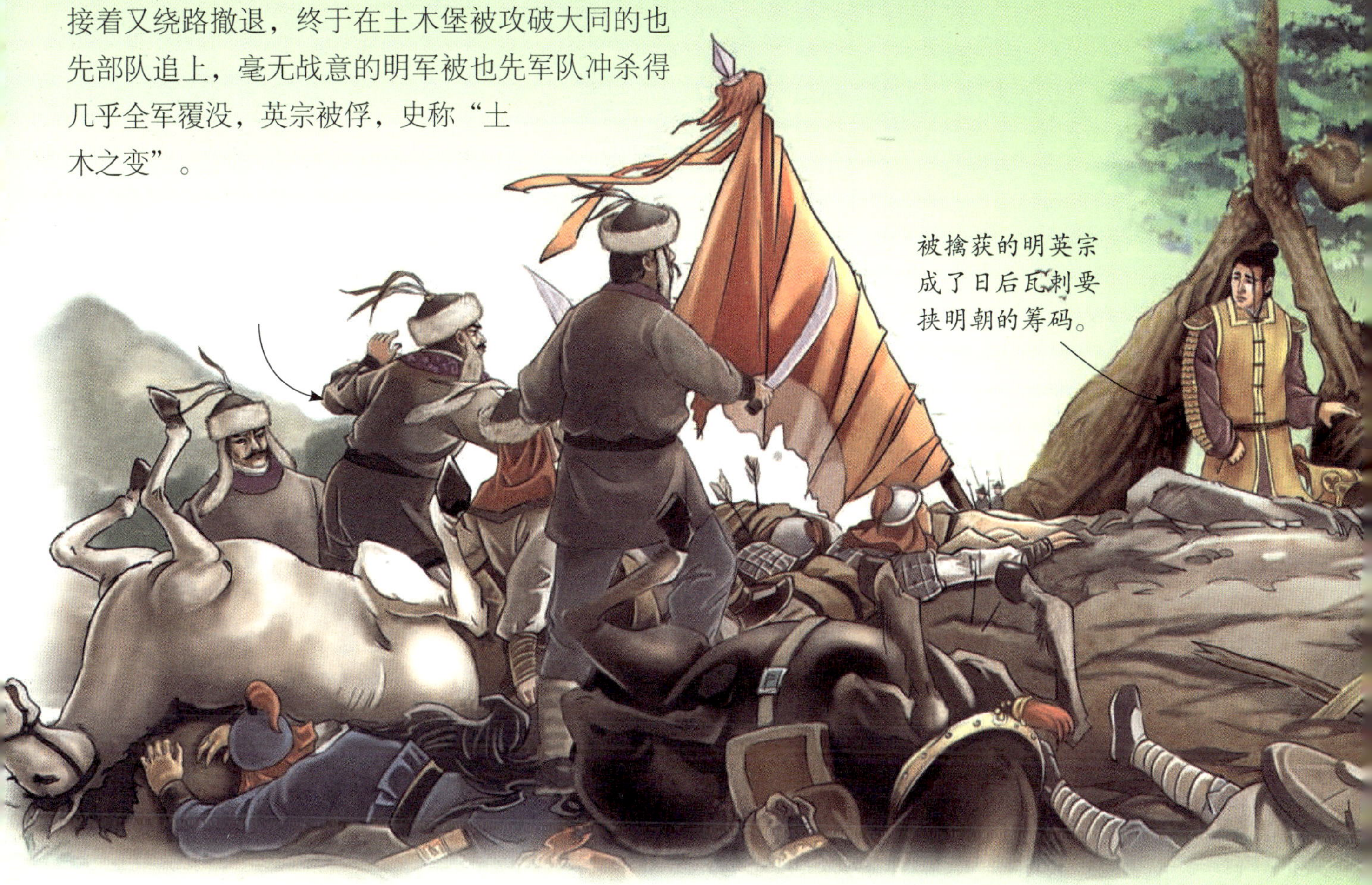

于谦与北京保卫战

土木之战大败的消息传到京城后，文武百官震惊，他们聚集到朝堂上痛哭。当时的京城里几乎没有精锐部队，百官们议论纷纷，甚至有人主张南迁。兵部侍郎于谦挺身而出，强烈主张抗战，于是他受命领导北京保卫战。接任后，于谦积极部署，多次挫败也先军队的进攻。也先见硬攻不是办法，决定拿出最后的筹码——明英宗，谁知于谦早就料到了这一招，立刻拥立英宗的弟弟朱祁钰继位。也先眼看北京久攻不下，计谋又被破解，加上南下路途遥远，粮草难以为继，最终与明朝达成了和议，并放回了英宗皇帝。

▼ 于谦

张居正改革

张居正是明朝著名的内阁首辅大臣，也是著名的政治家、改革家。明朝中后期，社会已经逐渐显露出了许多问题，但张居正迎难而上，锐意改革，辅佐明神宗朱翊钧开启“万历新政”。

▲ 张居正辅佐明神宗

锐意改革

张居正，字叔大，号太岳，湖广江陵（今湖北荆州）人。1567 年，他进入了内阁。不久后，他的学生朱翊钧继位，张居正成为内阁首辅大臣。当时，明朝已经进入中后期，财政危机加深，各种问题层出不穷。张居正尽管深知改革难度之大，但他决心排除万难，进行一场全面的改革，以挽救明朝的颓势。

▼ 张居正下令清查全国土地

万历首辅张居正

政治与军事改革

在政治方面，张居正加强对官员的管理考核，他要求严格，如果官员办事延误、目无法纪、遇事推卸责任，就会受到严格的处罚。用人方面，他注重发挥人的才能，对不作为的官员一律革职。军事方面，张居正沿袭先制，仍命戚继光镇守蓟门，让李成梁镇守辽东，以保卫边疆的稳定。为保证与蒙古交界处的安定，他设立了互市，让双方百姓可以自由贸易。

经济改革

经济改革是张居正改革的重中之重。当时，富有的农民普遍地私占田地但又隐瞒不报以逃避赋税，加上战乱，明政府的财政危机日益突出。因此，张居正不顾官员和地主的反对，下令清查全国的土地。同时，他还推出了“一条鞭法”，将徭役与田赋合而为一，并在全国推行。他的改革使明朝的财政状况有了一定的好转，缓解了政府的财政危机，也是我国赋税制度发展史上一次重大进步。

人亡政未亡

张居正的改革是为了国家的发展，但他在改革中损害了很多官僚和地主阶级的利益，因此遭到了他们的强烈反对。张居正去世后，那些反对派便立即攻击弹劾他，历数他的种种“罪行”。而他曾经的学生明神宗朱翊钧也听信了反对派的建议，将张居正的家产抄没，并下令处死了他的家属。最终，张居正成了改革的牺牲品，然而他留下的政治财富仍然熠熠生辉，“万历新政”成为走向衰亡的明王朝的回光返照。

张居正死后，张家被抄家灭族

宦官乱权

明朝初期，宦官政治地位较低。然而自朱棣开始，宦官逐渐被重视，并被赋予了更多的权力。尽管也有如郑和一样颇具才干的宦官，但宦官弄权的事情屡禁不止……

▼ 锦衣卫

信任宦官

朱元璋在位时期，他吸取汉唐末年太监祸国的历史教训，下令禁止内臣干涉朝政。但是在后来的靖难之役中，南京的宦官向逼近京师的朱棣军队提供了援助，所以朱棣称帝之后认为家奴可靠，开始赋予宦官出使、监军、分镇等军政大权，由此开启了宦官专权之路。当时为了清除建文帝的余党，朱棣还设立了东厂，让他信赖的太监掌权。东厂只听命于皇帝一人，甚至不需要经过司法机关批准，就可以随意地逮捕官员和百姓。

宦官弄权

明英宗之后，一些心术不正的宦官开始玩弄权术。明朝时，宦官有二十四衙门，即十二监、四司、八局。其中的司礼监太监一般都是由皇帝的心腹太监担任的。后来司礼监太监代替皇帝批阅文书，于是他们就利用自己的职权之便擅自改动内阁的建议。同时，宦官还利用权力为自己谋取大量财富。

魏忠贤

魏忠贤，肃宁（今河北肃宁）人。魏忠贤年少时家境贫穷，他常混迹于街头，喜欢赌博，迷恋酒色。后来他改名为李进忠入宫，出任司礼监秉笔太监后，又改回了原姓，皇帝赐名为"魏忠贤"。他极受皇帝宠信，当时人们称他为"九千岁"。他掌权后排除异己，专断国政，以至于当时的人们只知有魏忠贤而不知有皇上，影响极其恶劣。

▼ 魏忠贤

权宦末路

1627年，朱由校驾崩，信王朱由检继位。朱由检熟知魏忠贤的罪恶，于是深加戒备。大臣杨所修和杨维垣首先攻击投靠魏忠贤的崔呈秀，用以试探朱由检的心意，但朱由检隐而不发。后来趁魏忠贤及其党羽放松警惕，一帮文臣突然发难，列举十大罪弹劾魏忠贤。朱由检没有给阉党反应的机会，当众宣读魏忠贤"罪状"，魏忠贤自知难逃一死，于是在流放途中饮酒到半夜后上吊自杀。

▼ 魏忠贤被朝臣弹劾

李自成起兵

明朝后期，社会矛盾激化，百姓生活艰苦，农民起义不断，其中，闯王李自成领导的部队是一支重要的力量。李自成经过多年的发展，建立了大顺政权，并一路逼近京师，迫使崇祯帝自尽，明王朝就此覆灭。

闯王李自成

李自成于 1606 年出生，陕西米脂人。幼年时他曾经为地主放牧，青年时期成为银川的一名驿卒。后来，他投奔到高迎祥的兵队，号称“闯将”。高迎祥去世后，李自成就成了领导者。他开始领导这支队伍在渭南、四川一带活动。

▼ 李自成的起义军不断壮大

李自成势力在河南的壮大

1640 年，李自成率领部队从湖北进入了河南。当时的河南正在遭受干旱、蝗虫、瘟疫灾害，连片的庄稼颗粒无收，民不聊生，甚至出现了人吃人的惨景。于是，李自成一进入河南，当地就有数万饥民主动归附他，他的部队逐渐壮大起来。

闯王军队与明军激战

均田免赋

在看到百姓的生存现状后，李自成针对明末土地集中、赋税繁重的现实，提出了“均田免赋”的口号，受到了广大百姓的拥护，当时民间传唱着“迎闯王，不纳粮”的歌谣。不久后，李自成攻破了洛阳城，杀掉了福王朱常洵，把藩王的粮食和数十万金钱都分发给百姓，赈济灾情。李自成的起义军势力继续壮大，与明朝的抗争开始由防御转为主动进攻。

建立大顺农民政权

1642 年，李自成开始向湖广地区进军，攻下襄阳后不久，李自成把襄阳改为襄京，自称“新顺王”。他设置了上相、左辅等官职，协助自己处理政务。不久后，他攻下了西安，改国号为“大顺”，改元永昌。很快，李自成率兵一路逼近京师，军队纪律严明，沿途受到了百姓的欢迎，不久就攻入内城。崇祯皇帝在煤山（今景山）自缢，明王朝自此覆灭。

崇祯帝在煤山自缢

南明小朝廷

崇祯帝朱由检在煤山自缢后，清军正式入主中原。很多明朝宗室及文武大臣逃往南方，占据淮河以南地区，继续抵抗清兵。

南明弘光帝被清军俘虏

弘光政权

崇祯帝自缢后，皇室宗亲福王朱由崧被强行拥立为帝，他起初在南京监国，后来继皇帝位，改元弘光。但弘光政权非常腐败，皇帝每日饮酒作乐，沉迷声色。很快清军南下，迅速拿下扬州城后开始屠城，扬州成了人间地狱，史称“扬州十日”。紧接着，南京也被清军攻陷，弘光帝被清军俘虏。

唐王、鲁王政权

1645 年，唐王朱聿键在福州称帝，改元隆武。隆武帝在大臣黄道周的主张下发动了为时很短的战争，同时还采取联寇抗清的政策。与此同时，鲁王朱以海在浙江地区也建立起一个南明政权。鲁王和唐王两个政权互相竞争，大难临头还不能真心合作，且这两个政权都是一样的腐败，争权夺利又排斥异己。唐王政权的军政大权实际掌握在郑芝龙手里，但他根本无心抗清，不久后就投降清朝。局势不断恶化，隆武帝不幸被俘，清军就趁机占领了东南大部。

南明大臣拥立朱聿键为帝

桂王政权与西南人民的抗清

眼看江山不复，大西军余部和明朝官僚开始联合起来，共同抵御外敌。他们在西南地区拥护桂王朱由榔为帝，改元永历。与此同时，郑成功的势力在东南沿海也乘势崛起，与朱由榔的军队分别从东、西两侧攻打清军，抗清的局面开始出现转折。但是后来由于抗清部队的内讧和清军进攻力度加强，明军在滇黔的防线很快就被清军突破。抗清失败后，朱由榔在匆忙之中逃到了缅甸。

▲ 明军与清军激战

▼ 吴三桂

走向灭亡

朱由榔流亡到缅甸后，被缅甸王收留。1661年，吴三桂率领清军进入了缅甸，讨要朱由榔。缅甸王和大臣们商议后认为不值得为一个流亡之君得罪如日中天的清军，于是杀了朱由榔的近侍，把朱由榔交给了吴三桂。不久，朱由榔在昆明被吴三桂杀害。明朝就此彻底灭亡。

明朝的科学技术

明朝时期，我国在科学技术和建筑技术等方面都取得了瞩目的成就。这个时期，出现了李时珍、徐光启、宋应星等一批人才，他们的智慧至今还在造福着人类……

▼ 李时珍游历四方

李时珍与《本草纲目》

李时珍，字东璧，号濒湖山人，蕲州人。李时珍出身于一个医生世家，他的祖上世代行医，因此他从小就受到了家庭环境的熏陶，自幼博览医书，30 岁时就成了当地的名医。他最大的成就是用了 27 年的时间完成了一部医学巨著——《本草纲目》。该书一共 52 卷，分 16 部，部下又设类，共有 60 类，此书是对我国古代丰富的医学经验的总结。《本草纲目》不仅是一部药典，也是一部植物学和药物学著作，它已经被翻译成多种外文版本，广泛流传于世。

徐光启与农学

徐光启，字子先，号玄扈，上海人。徐光启经常与西方的传教士利玛窦接触，对西方算学具有浓厚兴趣，还与利玛窦合译了《几何原本》与《测量法义》。此外，徐光启对农学的贡献很大，他撰写的《农政全书》集传统农业技术之大成。全书共60卷，约70万字，涉及农本、农事、农器、水利等方面，是一部重要的农业科学巨著。同时，徐光启对天文、历法也颇有研究，曾坚持亲自登观象台进行测量，对《崇祯历书》的成书贡献极大。

▶ 专心著书的徐光启

宋应星的《天工开物》

宋应星，字长庚，江西南昌府奉新人。明朝灭亡后，他辞官隐退。宋应星在做地方官员时，对明朝的农业技术和手工业技术进行了系统的总结，著成《天工开物》一书，该书有 18 卷，详细记载了农作物的种植、收割、加工技术，以及制盐、制糖、制油、制酒、制瓷、制纸等技艺，内容丰富。《天工开物》后来还传入日本、朝鲜和欧洲等国家和地区，影响深远。

《天工开物》被誉为“中国17世纪的工艺百科全书”。

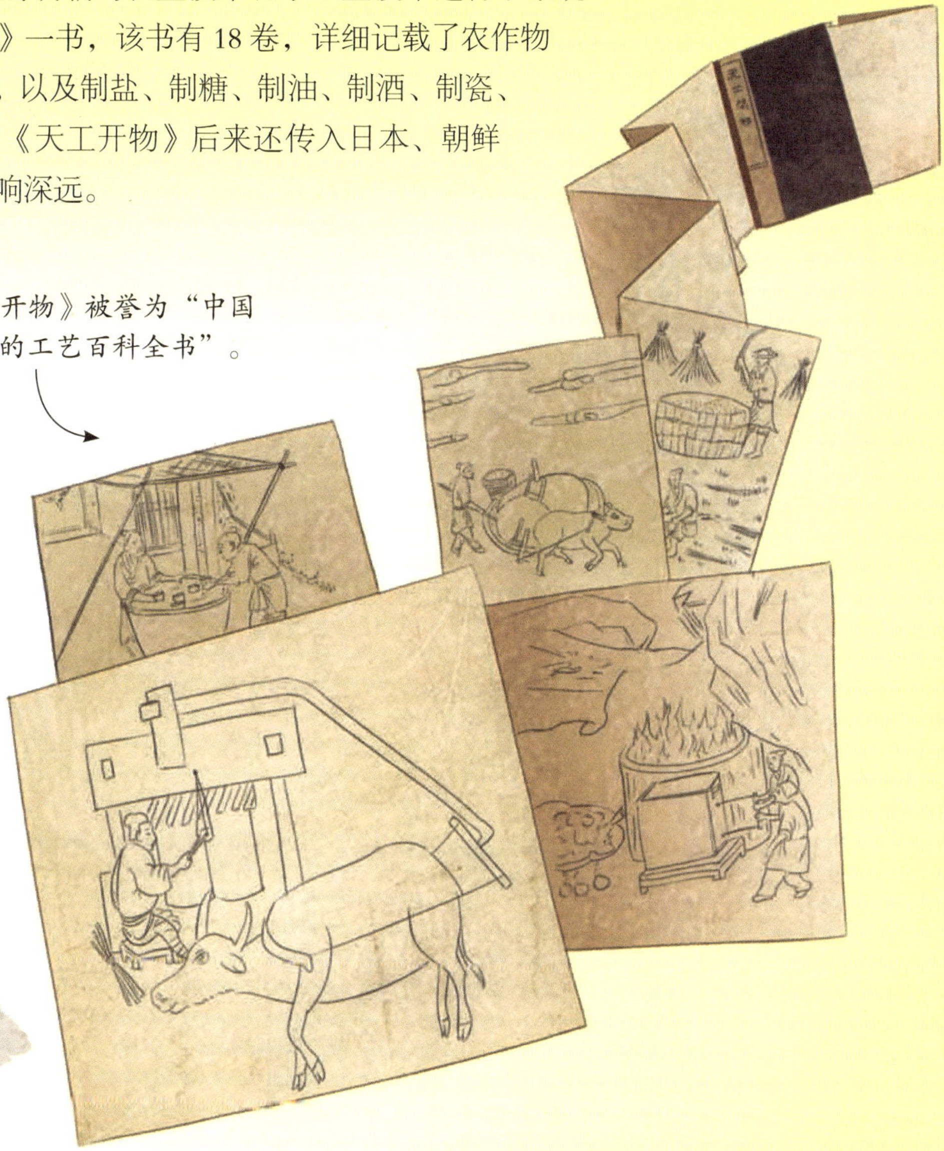

▲ 明朝科学家宋应星

▼ 紫禁城平面布局图

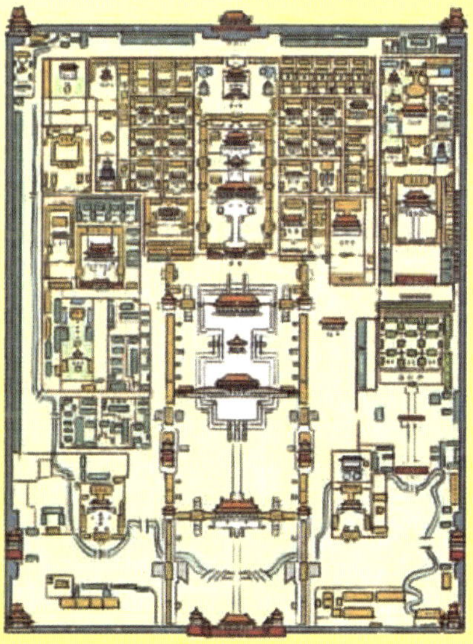

建筑技术

明朝的建筑技术也不断进步，北京的皇宫宏伟壮丽，是其中最具代表性的建筑。故宫是依照历代都城以及明太祖在南京时宫殿的样式，在元朝大都的基础上改建而成的。它由数百座不同的建筑物构成，设有奉天殿、华盖殿和谨身殿等几大中心建筑。此外，明朝佛塔也非常有名，如建于明永乐年间的南京大报恩寺琉璃宝塔，共有 9 层，用琉璃砖构成，上面还有灯盏，夜晚看起来金光熠熠。

明朝的艺术成就

明朝时包括小说、戏曲、书法和绘画在内的多种艺术也在不断发展，出现了一大批具有影响力的文人和艺术家，为我们留下了宝贵的精神财富。很多小说和戏曲在今天还在被改编、演绎，这些经典还被翻译成外文，流传到世界各地……

▼ 刘备、关羽、张飞三人冒雪寻孔明

《三国演义》是明朝小说家罗贯中创作的。

小说艺术

明朝小说创作已经达到了很高的艺术水平，出现了大量的以历史、神怪、公案、言情以及市民日常生活为主题的长篇小说和短篇话本。其中，对后世影响最大的小说有《西游记》《三国演义》和《水浒传》。《西游记》是一部充满奇幻色彩的长篇神话小说，作者是吴承恩，讲述了唐初贞观年间一位不畏艰难、跋山涉水到天竺求取真经的僧人玄奘和他的 3 个徒弟的故事。罗贯中在民间故事和元朝《三国志平话》的基础上进行创作，完成了 24 卷本的《三国志通俗演义》，俗称《三国演义》。与《三国演义》几乎同时出现的还有《水浒传》，它讲述了北宋末年宋江领导的农民起义故事，作者是施耐庵。

▼《水浒传》中武松打虎的情节

《三国演义》《水浒传》《金瓶梅》和《西游记》都是创作于明朝的长篇通俗小说。

戏曲艺术

明朝戏曲艺术创作水平也达到了一定的高度。明朝初期，士大夫热衷于戏曲创作，但他们的主要目的是为统治者歌功颂德或者是宣扬礼教。这种现象导致元朝已经发展起来的各种杂剧一度趋于衰落。明中期之后，才又出现了为普通百姓喜闻乐见的戏曲。其中，南戏（明清时期南戏也称“传奇”）发展最快，如汤显祖创作的《牡丹亭》（又名《还魂记》），今天还在被不断地再创作。

▲ 汤显祖创作的南戏《牡丹亭》

▼ 复古派前七子代表人物——李梦阳

诗文艺术

明朝的诗文艺术进一步发展。明初有宋濂、刘基、高启等人创作的气势宏大的作品。永乐到正统年间，出现了许多在文坛上颇有地位的内阁大学士，比如以杨士奇、杨荣、杨溥为代表的“台阁体”流派。但他们的作品大多是为了应酬或是歌功颂德、粉饰太平，因此在内容上显得单薄无趣。其后反对“台阁体”的浪潮兴起，前有以李梦阳、徐祯卿为首的“前七子”，后有以李攀龙、土世贞为首的“后七子”。此外，明朝还出现了“竟陵派”“公安派”等文学流派。

书画艺术

在书法艺术上，明朝有“三宋二沈”。“三宋”指的是苏州府长洲县的宋克、宋璲、宋广，“二沈”指的是松江府华亭县的沈度、沈粲兄弟二人。沈度擅长楷书，很受明成祖的赏识，而沈粲则更擅长行草。明成化到嘉靖年间，又出现了李东阳、唐寅（唐伯虎）、文徵明、徐渭等人，他们各有所长。明朝前期，宫廷画是绘画艺术的主流。后来，出现了“浙派”“江夏派”等画派。后来，江南的“吴门四家”——沈周、文徵明、唐寅、仇英崛起，他们的绘画各有特点，形成了与“浙派”不同的风格。

▼ 江南才子唐伯虎

第二章

大清王朝

在明朝气数将尽之时，1616 年，女真族努尔哈赤建立金国，史称“后金”。当时谁都不会想到，这样一个少数民族会在日后建立起统治中国长达 268 年之久的清王朝。清朝是中国传统社会的成熟时期和转折时期，这一时期中国传统社会的政治制度和经济文化发展取得了前所未有的成就，但随后却由盛转衰。那么，让我们一起走进清朝历史吧！

满族的崛起

满族是我国历史上一个古老的民族，他们原本生活在松花江、牡丹江、黑龙江等河流交汇处，那里土地肥沃、物产丰富。而满族也一直与中原王朝保持着密切联系。

满族的来历

清朝建立以前，满族曾以不同的名字在历史上存在了两千多年。满族最早的先民名为“肃慎”。汉朝时肃慎后裔改称“挹娄”，北魏又改称“勿吉”，隋唐更名为“靺鞨”，后来，靺鞨又更名成“女真”。由于辽对女真的剥削与压迫，女真人民不断反抗。1115 年，女真建国，号“大金”，后被蒙古于 1234 年灭国。

少年努尔哈赤

1559 年，努尔哈赤出生了。努尔哈赤姓爱新觉罗，他的祖父和父亲都与明朝有着较密切的联系。努尔哈赤早年丧母，后母对努尔哈赤很刻薄，年少的努尔哈赤只好离家闯荡，靠挖人参、采蘑菇为生，常在明朝边境的“互市”买卖。这期间，努尔哈赤不但自学了蒙语、汉语，也对大明边境的地形有了了解，为日后起兵打下了基础。

▲ 努尔哈赤

◀ 弓马娴熟的女真族人

遗甲起兵

努尔哈赤 25 岁那年，他的父亲与祖父被卷入明军的战斗中，被明军误杀。年轻的努尔哈赤想要报仇，但是此时他无兵无将，完全不是几十万明朝边军的对手，于是努尔哈赤以父祖留下的 13 副遗甲起兵，在额亦都、安费扬古等人的帮助下踏上了统一建州女真的道路。努尔哈赤于 1589 年征服了建州女真，同时组建了以额亦都、安费扬古、费英东、何和礼、扈尔汉“五大臣”为首的直辖部队，成为女真最强大的势力。1616 年，努尔哈赤建国，国号大金。1618 年，基本统一女真的努尔哈赤以“七大恨”为由，正式和明朝决裂。

努尔哈赤的成就

努尔哈赤是杰出的军事家和政治家，他在统一女真各部的过程中，采取了政治招抚和军事讨伐双管齐下的策略，他善于利用矛盾，抓住时机，通过与各部联姻、盟誓等不同方式，达到逐个击破的目的。起初努尔哈赤一直向明朝表示忠心，得到了明朝的支持，直到后期他才与明朝正式决裂。努尔哈赤统一了女真各部，促进了女真族的统一与壮大，加强了东北地区各族人民的政治、经济与文化交流，对促进统一多民族国家的发展具有重要意义。

▼ 努尔哈赤向明朝宣战

叱咤关外的皇太极

1626 年，努尔哈赤去世，后金政局动荡。努尔哈赤的第八子、时年 35 岁的皇太极在政治斗争中胜出，正式继任汗位。次年，皇太极改年号为天聪。

出征朝鲜

1627 年，皇太极派大臣出兵征伐朝鲜。军队抵达朝鲜后便攻克了义州城，随后又接连攻下了安州等城。不久，后金大军抵达平壤，当地百姓纷纷出逃，甚至连朝鲜国王李倧也外逃到了江华岛，只派出朝鲜大臣与后金谈判。双方签订和约，规定朝鲜要入质纳贡、去明朝的年号，并与后金结为兄弟国等。但朝鲜仍寄希望于明朝，不肯执行和约内容。1636 年，皇太极改国号为“清”，改元崇德，以朝鲜“败盟逆命”为由，再次出兵朝鲜，使朝鲜彻底成为清朝属国。

皇太极亲征

后金时期，蒙古大概分为漠南蒙古、漠北蒙古和漠西蒙古三大部，其中漠南蒙古实力最强大。1628 年，皇太极亲自指挥军队攻打漠南蒙古的林丹汗。1632 年，皇太极再次进攻林丹汗。1634 年，皇太极第三次亲征，林丹汗于出逃时病死。1636 年，漠南蒙古十六部在沈阳共同尊奉皇太极为“博克达彻辰汗”，从此，漠南蒙古臣服于清朝。

▼ 皇太极南征北战

皇太极是努尔哈赤的第八子。

对明廷的战争

即位之后，皇太极表面与明朝议和，而实际不断向明朝发动进攻。1629年，皇太极率兵攻打明朝，从喜峰口入关，一路攻陷遵化，直抵北京城下。虽然攻城失利，但他用反间计除掉了明朝将领袁崇焕，为日后扫平了障碍。1640年初，皇太极就开始计划对锦州进行围困，但直到1642年，清军才占领松山、锦州等地，明朝辽锦防线彻底崩溃。

▲ 皇太极领导清军攻破明朝防线

皇太极时期的统治

皇太极登基后，创建了蒙古八旗和汉军八旗，他是最高首领，掌握绝对的军事领导权。在与明朝的作战中，皇太极见识了明朝大炮的威力，就命历次战争中俘虏的汉人工匠仿造大炮，并成功铸造了“天佑助威大将军”炮，大大提高了八旗兵的战斗力。皇太极十分注重行政体制建设，他仿照明朝的制度设立文馆、六部，后来演变为内三院、六部、都察院和理藩院，合称“三院八衙门”。

▼ 雄才大略的皇太极

旷日持久的反清斗争

皇太极逝世后，他的儿子福临继位。顺治元年，清军终于入关，实现了梦寐以求的愿望。但清军入关后，却遭到了各地汉人的长期抵抗。清朝初期的一些政策，如圈地、剃发也激化了民族矛盾……

定鼎北京

1643 年，皇太极因病去世，经过一番斗争，时年仅 6 岁的福临继位，改元顺治。1644 年，李自成攻陷北京，明朝末代皇帝崇祯自缢于煤山，吴三桂投降清军。多尔衮率领清军和吴三桂会合，与李自成在山海关激战，战争以李自成失败告终。清军胜利后，多尔衮主张定都北京，广招贤才，重用明朝降官，同时改革明朝弊政，防止宦官干政。

▼ 八旗军队进入山海关

▼ 民间起义军

反清斗争

清军入关后，民间的反清斗争依然存在。李自成领导的大顺军与清军一直战争不断。此外，张献忠领导的农民军也是一支重要的抗清队伍。1644 年，张献忠在成都称帝，建国号“大西”。1647 年，张献忠被清军射杀，大西余部逃往云南后又联合南明，再次与清军抗衡。

清初的统治

清朝定都北京后，为了获得汉族的支持，笼络汉族官员、地主，决定重用降清的大臣。同时，为了消除汉族知识分子的反抗心理，清朝恢复了科举考试。清初的一些政策也起到了相反的作用，比如圈地政策侵占了大量汉族百姓的肥沃土地，投充法与逃人法又让大量失去土地的中原百姓沦为八旗弟子的奴仆。而争议最大的无疑是剃发令的强制推行，“留发不留头，留头不留发”的严苛政策激起了人民的强烈不满，眼看矛盾将愈演愈烈。1650 年，多尔衮去世，顺治帝福临得以亲政，他立刻采取了停止圈地、放宽逃人法等缓和民族矛盾的措施，可剃发令还是延续实行。

▼ 顺治帝亲政

驱逐外夷，收复台湾

台湾自古以来就是中国领土不可分割的一部分。明朝时台湾被荷兰殖民者侵占，伟大的民族英雄郑成功团结当地百姓，成功收复了台湾，让台湾重新回到了祖国的怀抱。

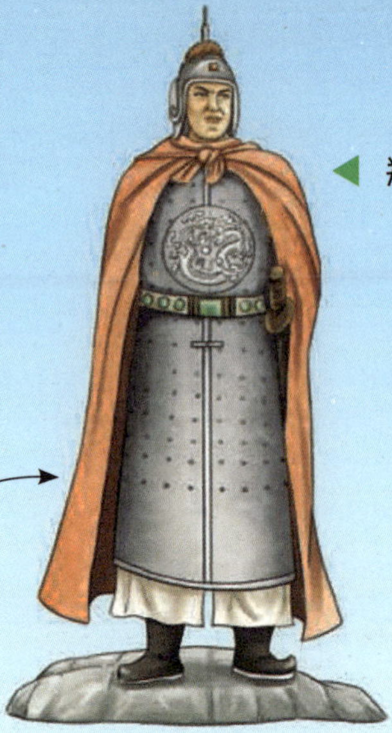

郑成功

郑成功是抗清名将。

澎湖巡检司官员正在进行防务工作

澎湖巡检司是中央政权最早管理台湾、澎湖的行政机构。

台湾的故事

台湾自古以来就是中国领土不可分割的一部分。元明时期设立了澎湖巡检司，负责台湾、澎湖地区的防务工作。但在1624年，荷兰殖民者正式入侵台湾地区，进驻水军、陆军共2000余人。荷兰殖民者对台湾百姓进行殖民统治，强迫百姓交税，并大规模屠杀当地百姓，激起民怨。台湾百姓奋起反抗，发动反荷起义，但被血腥地镇压了。

荷兰殖民者入侵台湾

荷兰对台湾、澎湖地区的野心由来已久。

百姓们拼死反抗。

▼ 荷兰守军向郑成功投降

反抗荷兰殖民者

郑成功也是领导反清斗争的一位将领，在进攻南京失败后，他开始将目标转向台湾，打算把台湾作为根据地进行抗清斗争。在台湾百姓的帮助下，郑成功登陆了台湾。荷兰殖民者对此早有防备，他们在海面上调集舰队，向郑军发起攻击。郑成功也调动军力，四面围攻荷兰的舰队，击沉了荷兰的“赫托号”舰船。在取得主动权后，他开始攻打赤嵌城，荷兰军队被迫投降。1662 年，侵占台湾长达 38 年的荷兰殖民者正式投降。

郑成功的贡献

郑成功收复台湾后，采取了许多促进台湾发展的政策，如编户籍、制定法律、设立学校等，他还命农师教当地百姓使用牛耕和铁制工具。同时，他还积极发展海外贸易，实行开放的政策。郑成功为台湾百姓驱除了殖民者，又帮助他们不断发展进步，受到了当地百姓的敬仰。1662 年，郑成功逝世，年仅 39 岁，但直到今天，台湾人民一直纪念着他。

▼ 施琅率军攻克台湾

清朝统一台湾

郑成功辞世后，他的儿子郑经继续统治台湾，并坚持抗清。郑经曾攻打福建，但最后失败了。1681 年，郑经病死，长子被杀，大权旁落。清朝官员施琅富有远见卓识，坚持收复台湾，康熙帝听从了他的意见。1683 年，施琅率兵攻打台湾，取得胜利，郑军死伤万余人，清朝成功统一台湾。

一代圣君康熙帝

顺治帝病逝后，年仅 8 岁的玄烨继位。他铲除鳌拜，平定“三藩”，成长为一位圣君，并开启了历史上著名的“康乾盛世”。

康熙的成长史

1661 年，顺治帝病逝。他的第三个儿子玄烨继位，是为康熙帝。康熙帝继位的时候只有 8 岁，还没有处理政事的能力，国家政事由大臣索尼、鳌拜、遏必隆、苏克萨哈 4 人掌管。初期，4 位大臣忠心辅佐年幼的康熙，但这种和平的局面很快因为鳌拜专权而结束。索尼去世后，鳌拜更是肆无忌惮，丝毫不把康熙帝放在眼中。康熙帝用计策让十几个学习摔跤技术的小内监与侍卫拿下了鳌拜，随后，康熙帝历数鳌拜的 30 条罪状，免去了他的职务，拘禁至死，鳌拜的同伙也被一并惩处。

▼ 鳌拜被制服

平定“三藩”

“三藩”指平西王吴三桂、平南王尚可喜、靖南王耿精忠 3 位藩王。这 3 位藩王原本都是明朝的将领，后来在清军入关的过程中投降，在之后清朝维护政权稳定时也立下了功劳，于是被封为藩王。三藩中，吴三桂的势力最大，在云南独揽大权。1673 年康熙下令撤藩后，吴三桂密谋起兵。康熙帝听闻，派兵攻打吴三桂，下令削吴三桂的爵位。不久后，耿精忠在福建起兵响应吴三桂，后因谋反罪被处死。尚可喜死后，他的儿子尚之信被告发有反意，康熙帝将他赐死。1678 年，吴三桂在衡州自立为帝，国号大周，但同年 8 月就病死了。此后不久，清朝就彻底平定了三藩之乱。

▼ 除掉鳌拜后，康熙帝开始着手平定三藩

康熙的贡献

康熙是中国历史上有名的圣君。他在任期间，实行了许多有利于社会发展的举措，比如停止清初的圈地政策，不再侵占百姓的土地，实行“更名田”，将被藩王占领的土地归还给原来耕种的百姓；奖励垦荒，让没有土地的百姓、官兵也能够拥有土地；简化征税，废除人头税，实行“摊丁入亩”。此外，康熙帝还积极赈济穷苦百姓，还在一定时限内免除百姓历年所欠的租税，减轻了百姓的负担。康熙年间，清朝社会经济快速发展。

▼ 中国历史上的明君之一——康熙

清朝对边疆的管理

清朝时期，除了民间的反清复明斗争，清政府也面临着沙俄入侵、准噶尔部叛乱等威胁，但清政府一直努力维护国家的统一和安定，抵御外敌。此外，土尔扈特部东归也是清朝历史上的一件大事，让我们一起去了解一下吧！

抵抗沙俄入侵

顺治年间，沙俄频繁入侵我国黑龙江地区，其恶行引起了当地军民多次反抗。1665 年，沙俄势力侵占雅克萨地区，清政府多次警告无果后，决定派军出击沙俄，雅克萨之战最终以清朝的胜利告终。1689 年，中俄进行谈判，签订了中俄《尼布楚条约》。

平定噶尔丹叛乱

经过明、清两朝的不断用兵，靠近中原的蒙古部落势力大不如前，而西边的各部落却趁着明清交战无暇西顾的时机发展壮大起来。漠西蒙古又大概可分为准噶尔部、和硕特部、杜尔伯特部和土尔扈特部四部。其中，准噶尔部在各部的斗争中逐渐强盛起来，迫使土尔扈特部西迁到了伏尔加河。准噶尔部的首领名叫噶尔丹，他野心勃勃，一直意图从清政府手中夺权。1690 年，噶尔丹部队和清军正面交锋，最终清军击败噶尔丹部队，噶尔丹逃走。1696 年，噶尔丹部队再次与清朝进行了昭莫多之战。次年，噶尔丹自尽，噶尔丹叛乱被平定。

▲ 土尔扈特部东归途中历经磨难

土尔扈特部东归

土尔扈特部在迁到伏尔加河流域后，备受沙俄的压迫、剥削，他们只好把目光投向南方的清朝以求庇护。康熙年间，土尔扈特部两次遣使进贡，清政府也派出使团出使土尔扈特部驻地。1761 年，土尔扈特部的渥巴锡继任汗位。当时，土尔扈特部面临危机，沙俄屡次征用土尔扈特部的男丁，使土尔扈特部损失惨重，渥巴锡决定带领部落回国。1771 年，渥巴锡率领约 17 万部众踏上了东归的路，一路上，他们战胜严寒、饥饿、疾病，终于在半年后抵达了伊犁河畔，终于回到了曾经的家园！土尔扈特部东归的故事将永远载入史册。

▼ 雅克萨之战，清军大胜沙俄侵略者

战争和文字狱

经过清初几位帝王的治理，清朝社会呈现出生机勃勃的盛世景象。然而在和平的表象下却是暗潮涌动，外有少数民族叛乱、周边小国侵扰，内有明朝余党反清复明之心不死。清朝对外可以出兵征讨解决叛乱、侵扰，可是百姓的思想要怎么控制呢？清朝统治者选择了文字狱。

平定回部大小和卓叛乱

我国天山以南的地区在清朝时被称为“回部”。清军平定噶尔丹叛乱时，回部各城首领大小和卓波罗尼都和霍集占一个留在故地，一个留在伊犁。但在后来的一次叛乱中，两人意图叛离清政府，杀害了多名清军，发起叛乱。乾隆帝坚决镇压大小和卓叛乱，大小和卓在战败后分头逃跑，最后被擒杀。

安南之役

安南，就是今天的越南。1664 年，安南交还明朝的敕印，清政府正式册封安南国王，清政府对安南的宗藩关系确立。乾隆时期，安南内部动荡，阮惠篡权，控制了安南中部、南部，安南原国王黎维祁逃奔清政府，希望得到援助。乾隆帝出兵征讨安南，攻陷了河内。后来清军战败，阮惠又收复了河内，由于惧怕清朝，他改名为阮光平，派出使者到清朝请求和解和册封。清政府册封他为安南国王，清政府与安南再次确定宗藩关系。

▼ 清军平定大小和卓叛乱

清朝出兵征讨安南

清朝残酷的文字狱

大兴文字狱

文字狱，就是从文人的著作中发现有对统治者不满的言辞，从而治罪的狱案。文字狱在历史上各个朝代都有，但是清朝是发生次数最多、惩治最重的朝代。清朝是满族建立的，因此一些受“夷夏观念”影响的汉族知识分子十分排斥清政府。康熙年间，发生了著名的庄廷鑨《明史》案和戴名世《南山集》案，其中《明史》案处死 70 多人，凌迟 18 人。雍正和乾隆两朝的文字狱更多，影响极其恶劣。

查封著作和藏书

在大兴文字狱的同时，清政府还在全国范围内大规模查封文章和藏书，前后持续了十余年的时间。清政府借编修《四库全书》之故，广收天下藏书，销毁了清朝统治者认为反对清朝统治、不合教化的藏书。这样强硬的手段，使人们都埋头书本，不敢批判社会现实，给中国文化造成了巨大的损失。

大量书籍被查封、销毁

盛世之下的隐忧

清朝初期，社会逐渐走上了正轨，并迎来了康乾盛世。但在表面的繁华下，皇帝奢侈成性、官员贪污腐败等一系列问题让清朝的未来模糊起来。

▲ 奢侈的乾隆出巡

由盛转衰

经过康熙帝、雍正帝、乾隆帝三代的努力，清朝逐渐走向一个新的高峰。但是在盛世之下，一些潜藏的危机也显露出了苗头，其中帝王的铺张浪费和大臣的贪污腐败问题最为突出。古代有皇帝3年巡视一次国土的惯例，康熙皇帝南巡，到了地方都是倡导节俭，但是乾隆帝出巡却变成了游山玩水，非常奢侈，以致上行下效，许多官吏也仿照他的奢侈行为。乾隆中后期，贪官污吏非常多，比如甘肃的“捐监冒赈案”就是清朝历史上规模最大的贪污案，造成了恶劣的社会影响。

▼ 乾隆中后期，贪官污吏横行

权臣和珅

和珅，钮祜禄氏，字致斋。和珅精通满文、蒙文、藏文、汉文，是一个非常有才华的人。乾隆皇帝生前十分器重他，但他后来因宠而开始放肆，贪污受贿。乾隆死后，嘉庆皇帝继位。嘉庆帝亲政后处理的第一件事就是下令查抄和珅的家产，抄得家产达 8 亿两白银。要知道，当时国库每年的收入只有 4000 多万两白银。最终，和珅被赐自尽。

贪官和珅备受乾隆器重

农民起义

清朝中后期，由于皇帝奢侈，官员贪腐，物价高涨，百姓难以维持生活，导致反清起义进入高发期。各地农民起义此起彼伏，要求推翻清政府，与清军进行坚决斗争，虽然这些起义最终都被清军镇压下去了，但是清朝的统治也因此被大大削弱。

清朝中后期起义四起

▶ 清朝官员们正在向康熙展示《皇舆全览图》

清朝的鸿篇巨制

清朝十分注重修书工作。清朝在入关前就设有官方的修书机构，入关后，确定翰林院为专门负责图书编纂工作的机构，为我们留下了丰富的文献资料。

地理测绘

中俄《尼布楚条约》签订后，康熙帝看到了地图不准确会给国家疆土主权带来隐患，于是他决定要进行全国的地图测绘活动，在他的推动下，我国诞生了当时最精确的地图——《皇舆全览图》。为了制作这份地图，康熙帝下令大臣们推荐专家，购买机器。康熙帝到全国各地巡视时，还命外国专家随行，测定各地方的经度、纬度，为绘制地图做准备。经过了约10年的时间，《皇舆全览图》才基本完成，该地图共计41幅，在中国地图发展史上具有划时代的意义。

▼ 陈梦雷受命编纂《古今图书集成》

《古今图书集成》

《古今图书集成》是清朝一部具有重要影响的类书。康熙年间，陈梦雷奉命编纂，于1706年初步完成，但由于各种原因，该书完成后并没有立刻刊印，直到1728年才印制完成。这部书一共有一万卷，分为历象、方舆、明伦、博物、理学、经济6编，每编之下再分典。全书条理清晰，内容丰富。这部书被人们誉为“康熙百科全书”，也是我国现存规模最大、体例最完整的一部古代类书。

《四库全书》

《四库全书》是由乾隆皇帝亲自组织纂修的一部丛书，是清代历史上最为著名的一部丛书，也是中国历史上规模最大的丛书。《四库全书》一共分为经、史、子、集四部，收书 3503 种，79337 卷，装订成 36000 册。《四库全书》从 1772 年开始纂修，乾隆帝设四库全书馆，由纪昀等几位学者为总纂官，带领 360 名学者用了约 10 年的时间完成。《四库全书》完成后共抄录了 7 部（遍），分别放在不同的藏书阁保存。《四库全书》对于我们今天学习中国古代文化具有重要的价值。

▼ 乾隆皇帝正在听取官员们汇报《四库全书》的编纂情况

流传后世的小说

小说是明清两朝的一种重要文学类别，清朝中后期古代小说进入了创作高峰时期，《红楼梦》《聊斋志异》《儒林外史》等都是清朝优秀的文学作品，至今仍广为流传，为我们了解当时的社会发展情况和人们的思想水平提供了宝贵的资料。

《红楼梦》

《红楼梦》，原名《石头记》。这本书一共有 120 回，成书于乾隆中期，前 80 回是曹雪芹所写，后 40 回一般认为是高鹗续写的。曹雪芹，名霑，祖上 3 代世袭江宁织造的职务，祖父曾经很受康熙帝的赏识。曹雪芹少年时期家境富足，他在金陵（今南京）度过了一段富贵的生活，但后来曹家家道中落，他随家人移居北京西郊，从此生活贫困潦倒。正是因为有了这两种完全不同、落差极大的生活境遇，他开始创作《红楼梦》。这本小说通过讲述贾、史、王、薛四大家族的兴衰故事，展示了封建大家族的生活百态，也揭示了封建社会必然灭亡的历史趋势，是明清小说文学发展的巅峰之作。

▼ 曹雪芹

▲《红楼梦》书中情节

《聊斋志异》

《聊斋志异》是清朝一部影响深远的小说，它的作者是蒲松龄。蒲松龄青年时期热衷于考取功名，但是屡试不中，他便以写狐神鬼怪故事的方式来抒发自己对现实的不满。在《聊斋志异》的序言中他写到："集腋为裘，妄续幽冥之录；浮白载笔，仅成孤愤之书。寄托如此，亦足悲矣！"可见，他是以这本书来寄托自己的情感。直到今天，这本书仍然广为流传，甚至被拍摄成为影视作品，这也充分说明，这部小说是多么富有魅力！

▶ 蒲松龄与《聊斋志异》

▼ 创作《儒林外史》的吴敬梓

《儒林外史》

《儒林外史》是清朝一部非常优秀的古典讽刺小说，它的作者是吴敬梓。吴敬梓出身于安徽一个没落的官僚地主家庭，他曾经考中过秀才，但之后考试失利，一直过着贫苦的生活。他结合个人经历开始创作《儒林外史》，他所说的"儒林"就是他的讽刺对象，包括秀才、举人、进士、大小官吏、八股选家等群体。吴敬梓通过对这些儒林之人的揭露和嘲讽，对当时的科举制度和受科举制度影响的不良社会风气进行了抨击与讽刺。

清朝的艺术成就

清朝时期，人们的生活水平不断提升，文化也进一步发展。这一时期出现了蔚为壮观的园林建筑艺术，百花齐放的绘画艺术，以及流传至今的京剧艺术。下面就让我们具体了解一下吧。

▼ 清朝绘画艺术作品

清朝山水画成就颇高。

墨梅图

游鱼图

绘画艺术

清朝时，我国绘画艺术继续发展，也取得了一定的成就。清朝宫廷绘画主要是服务于统治阶层，用以歌功颂德。清入关以来，绘画名家有“四大名僧”——渐江（弘仁）、髡残（石溪）、朱耷（八大山人）、原济（石涛）。此外，还有“四王”——王时敏、王鉴、王翚、王原祁。清初到嘉庆年间，更是人才辈出，出现了恽格和“扬州八怪”等书画家。恽格创立常州派，为清朝“一代之冠”，而“扬州八怪”是活动于扬州地区 8 位风格相近的书画家的总称。

▲ 国粹京剧

戏曲艺术

清朝是我国戏曲发展集大成的时期，各个地方的戏曲都有发展。尤其在农村地区，每年都会有热闹的社戏，吸引着十里八乡的百姓前去观看。各地戏曲不断发展，互相取长补短，最终发展形成了一种新的戏曲艺术——京剧。京剧艺术形成了唱、念、做、打的艺术表现手段，受到当时人们的欢迎。同治、光绪年间，京剧逐渐在全国盛行，发展成为我国的“国粹”之一，流传至今。

园林建筑

清朝时期，建筑技术日趋完善，其中比较突出的是园林建筑。清朝的园林建筑以北京的皇家园林和扬州的私家园林最为有名。清朝著名的皇家园林有畅春园、颐和园、圆明园、静明园、静宜园等。这些园林设计精巧又气势恢宏，不仅在规模上处于世界前列，在建筑手法和艺术审美水平上也远超同时期的其他国家。其中圆明园又被人们称为“万园之园”，是皇家园林最典型的代表。然而，圆明园后来毁于英法联军之手。

◀ 圆明园复原图

第三章

沉睡的巨龙

清王朝曾是一个强大的王朝，丝毫不逊色于汉、唐。为什么一个如此强大的王朝会在晚期被西方列强打得落花流水？正是由于曾经的强大让清王朝盲目自信，中国由此走上了闭关锁国、固步自封的道路。这个时期的世界局势已然大变，西方资本主义浪潮也剧烈地冲击着清王朝，坚船利炮使中国大门被迫打开，“天朝上国”的梦被击碎，沉睡的巨龙被唤醒。此后，中国开始走上了近代化的道路。

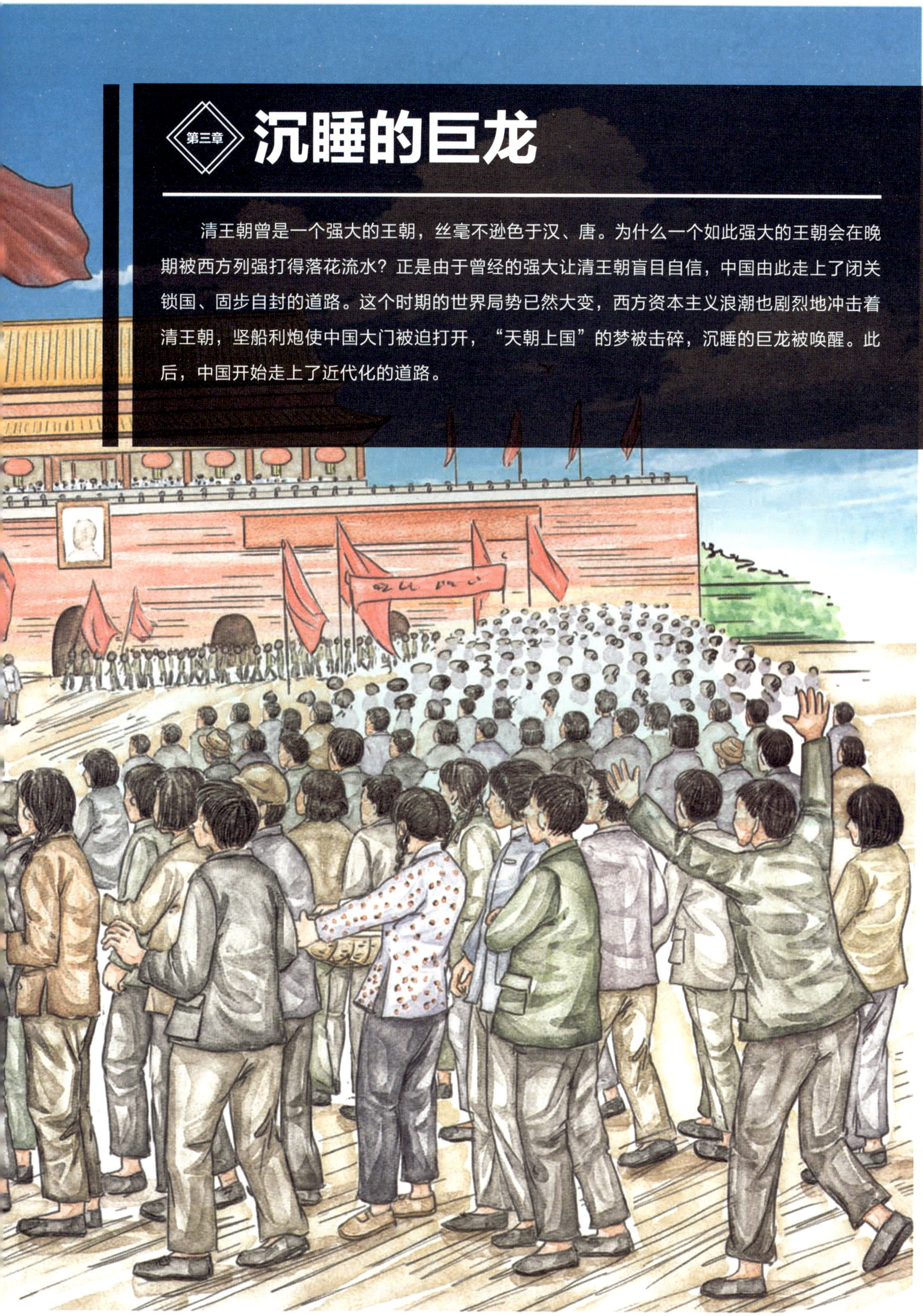

中国大门被迫打开

中国曾被传是“黄金遍地的地方”。在西方资本主义发展的初期，中国成了西方进行掠夺的不二之选，但中国自给自足的小农经济并不能使西方国家通过销售商品赚取金钱。因此，英国开始向中国倾销鸦片。

▶ 英国向清朝输入鸦片

罪恶的鸦片贸易

中国的经济形式是自给自足的小农经济，对西方货物的需求量小，所以中西贸易中有大量白银流入中国，而中国的白银极少流出。西方列强想要扭转局面，于是他们发现了鸦片这一“商机”。鸦片由罂粟汁液提取而来，其中含有大量的麻醉毒素，吸食鸦片会使人上瘾，精神萎靡不振，体力不断下降直至死亡，但鸦片价格非常昂贵，与黄金相当。英国正是利用了鸦片的这一特性，开始在中国进行罪恶的鸦片贸易，不仅从中国掠夺了大量的白银，还对中国人民的身体健康造成了严重的影响。

林则徐虎门销烟

随着鸦片在中国的泛滥，中国人也逐渐意识到鸦片造成的危害，于是开始了轰轰烈烈的全国禁烟运动。在此次禁烟热潮中，道光皇帝派林则徐主办禁烟事宜。1839 年 3 月林则徐到达广州后就开始秘密访查，搜缴鸦片，捉拿烟贩。6 月 3 日，林则徐下令在虎门海滩当众销毁鸦片，此次销烟直到 6 月 25 日才结束。虎门销烟有力地回击了英国资本主义侵略者，撕开了他们的伪装，露出了他们肮脏、罪恶的真面目，也明确了中国人民反抗侵略的决心和意志。

▲ 签订《广州和约》

第一次鸦片战争

虎门销烟有力地打击了侵略者的嚣张气焰，但英国并不想放弃这么好的盈利手段。为了维护鸦片贸易，他们借机进行武装挑衅，蓄谋发动侵华战争。1840 年 6 月，英国侵略军抵达广东海面，封锁了珠江口，鸦片战争正式开始。林则徐奋勇作战，顽强抵抗英国侵略者，但由于中国的技术装备落后和准备上的不足，定海最终失陷，英国侵略者对定海实行了疯狂血腥的洗劫。这一事件深深地影响了道光皇帝，他开始动摇禁烟斗争的决心。

清政府投降

在英国侵略者的炮火威胁下，道光帝逐渐屈服，他将林则徐革职查办，向英国求和。但这样的讨好并未使英国停止对中国的侵略，反而使其野心越来越大。此后，英国更加频繁地发动侵略战争来掠夺中国。1841 年 5 月 27 日，中英签订了《广州和约》。1842 年 8 月，中国接受英方提出的议和条件，签订了《南京条约》。此后，中英又签订了《中英五口通商章程》和《虎门条约》。《南京条约》的签订为资本主义国家打开了中国的大门，中国人民开始了反抗殖民侵略的斗争。

▶ 林则徐虎门销烟

太平天国的悲歌

鸦片战争以后，在中国封建势力的压迫和外国殖民者的掠夺下，中国人民生活在水深火热之中。不少底层人民开始反抗，逐渐在全国形成了一股强大的斗争洪流。农民在斗争中充当了主要角色，掀起了轰轰烈烈的太平天国运动。

▲ 太平天国运动领袖——洪秀全

探索救世之道

太平天国运动的核心人物是洪秀全，他从小熟读四书五经，目标是通过科举考试走上仕途，光宗耀祖。他从 14 岁起就开始参加科举考试，但第一次科举考试以失败告终，此后，他又数次参加科举考试，然而都是名落孙山。这使洪秀全开始怀疑科举制度，对清朝封建统治的不满也愈发强烈，这为他摒弃个人科场失意的痛苦、探索救世之道打下了基础。后来，他偶然从基督徒手中得到了一本名为《劝世良言》的宣传材料，材料内的新思想使洪秀全茅塞顿开，他决心推崇“拜上帝不敬邪神”的思想，并创立了拜上帝会，开始走上了反抗封建统治的道路。

金田起义拉开帷幕

1849 至 1850 年，各地农民生活愈发贫困，反抗斗争不断。金田村的农民反抗情绪尤为高涨，于是洪秀全就在金田村成立了一支农民武装——太平军。清政府十分恐慌，连忙调兵遣将，企图将这场反抗斗争扼杀在摇篮里，然而，太平军两次大败清军。1851 年 1 月 11 日，恰巧是洪秀全生日，这一天拜上帝教群众在金田村誓师起义，向清朝宣战，太平天国运动正式开始。

天京事变体现了农民起义的局限性。

▲ 天京事变，诸王发生分歧

建立政权定都天京

金田起义以后，太平军士气高涨，在永安初步建立了太平天国的政权，接着又急趋湖南，进军湖北，一路攻占下许多地方。1853 年 2 月 9 日，太平军直捣南京，并于 3 月 19 日成功攻克南京。洪秀全将南京改为天京，定为首都，他之后又颁布了纲领性文件《天朝田亩制度》，主张不分男女老幼，平均分配土地，彻底废除封建土地所有制。

天京事变

天京事变是在太平天国领导人内部发生的一次分裂，是太平天国运动由盛转衰的一个重要转折点。洪秀全定都天京之后，太平天国内部的主要领导人之间开始产生嫌隙，为了各自的利益进行斗争。太平军重要领导人之一的东王杨秀清掌握着大部分的实际权力，他的骄傲和专横使他与洪秀全等人的矛盾不断激化。于是，洪秀全下诏诛杀了杨秀清。此后，由于洪秀全疑虑心过重，石达开也被逼率领部下出走。后来石达开被清军包围，并被全部剿灭。天京事变使太平天国元气大伤，关键时刻的内讧使太平军丧失了乘胜前进的时机，太平天国运动开始走向失败。

◀ 太平天国起义

洪秀全、杨秀清、冯云山、萧朝贵、韦昌辉、石达开等组成了领导核心。

第二次鸦片战争

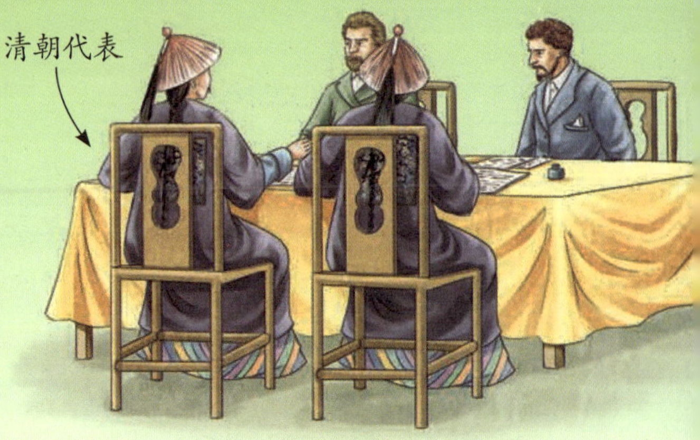

▲ 不平等条约签订现场

正当轰轰烈烈的太平天国运动席卷长江两岸之时，清朝的封建统治也摇摇欲坠。以英国为首的一些资本主义国家不满足于既得利益，他们竟然又策划了新的战争阴谋。1856 年至 1860 年，英、法等西方列强发动了新一轮的侵华战争，是为“第二次鸦片战争”。

“修约”的失败

19 世纪 50 年代，西方资本主义国家经济危机逐渐显现，迫切需要再次向中国发起战争以掠夺财富，于是他们开始再次寻找侵略借口。西方列强首先想通过“修约”讹诈中国。所谓“修约”就是修改《南京条约》《黄埔条约》《望厦条约》中的条约内容，扩充一些不平等的要求。第一次“修约”在 1854 年，以英为首，美、法为辅，虽然他们可耻的目的未能达成，但他们并没有死心。1856 年，美国带头提出了第二次“修约”要求，依然以失败告终。这让英、法、美得出了一致的结论：想获得更多利益，必须要使用武力。

清政府签订《天津条约》

英、法为了找寻侵华借口，故意制造了“马神甫事件”和“亚罗号事件”。终于，在 1856 年 10 月 23 日，英国海军上将西马糜各里率领军舰进犯广州，悍然挑起战争。从 1856 年 10 月到 1858 年 1 月，英法联军迅速攻占广州，一路上烧杀掳掠，无恶不作。后来，英法联军又乘胜追击，发动了第一次大沽口之战，清政府软弱无能，采取妥协的态度。于是，英法更加嚣张，继续进犯天津，清政府则是一路投降，中国战败已是注定。于是，1858 年 6 月 26 日至 27 日，清政府与英、法签订了《天津条约》。

▼ 清兵正在对抗从海上来的强大的敌人

火烧圆明园

火烧圆明园是英法联军对中国人民犯下的不可饶恕的罪行。圆明园位于北京西郊，是清朝统治者集中全国能工巧匠，倾注了大量血汗建成的一座规模宏大的别宫。圆明园结合了中西方建筑艺术的精华，园内有许多珍藏异宝，被誉为“万园之园”。然而，1860 年 10 月，英法联军进入圆明园后，面对各种奇珍异宝，他们无比兴奋，对圆明园肆意抢劫。他们为了毁灭证据，竟直接纵火焚烧，豪华雄伟的圆明园就这样被付之一炬。

清政府签订《北京条约》

圆明园被毁以后，英法联军更加猖狂，他们进一步提出新的要求，若是清政府不答应，就扬言要继续焚毁其他宫殿。清政府在列强的威逼之下签订了《北京条约》，条约承认《天津条约》有效，还增加了开放天津为商埠、割让九龙司、赔偿白银等新的条款。清政府损失惨重，中国人民的灾难也不断加深。

甲午中日战争

这一场国家综合实力的较量，是垂垂老矣的古老帝国与蓬勃发展的近代国家的战争。然而泱泱大国最后竟会败给一个“倭奴”小国，实在是不可思议。

邓世昌以身殉国

邓世昌是清末的海军名将。1879 年，李鸿章听闻他熟悉海军相关事宜，就将他调入北洋水师。中日黄海战役中，邓世昌指挥着“致远号”巡洋舰奋勇作战，气势凶猛。然而由于日舰的迅速围攻，“致远号”巡洋舰也伤痕累累，在炮火攻击下，全舰燃起大火。但邓世昌并未因此撤退，他鼓励全舰官兵将生死置之度外，以死报国。于是，邓世昌毅然驾着“致远号”巡洋舰撞向日本军舰，与他们同归于尽。日本海军大惊失色，迅速集中火力攻击“致远号”巡洋舰，“致远号”巡洋舰被击中，发生爆炸。邓世昌随后坠落海中，与全舰官兵一同壮烈牺牲。

▼ 李鸿章组建了北洋水师

旅顺大屠杀

旅顺位于辽东半岛最南端，是北洋水师的军事重镇，被称为“远东第一军港”，可就是这样一个军事重镇却没有抵挡住一个小小的日本。日军在攻占旅顺以后，在旅顺城内进行了惨绝人寰的大屠杀，历时四天三夜，受难者可能有两万余人。日军如同杀人不眨眼的恶魔，又如一群凶恶的豺狼，在攻占旅顺后兽性大发，他们拿着冷冰冰的刀枪，对旅顺没有任何抵抗能力的百姓进行了一场令人发指的大屠杀。旅顺大屠杀是日本军队对中国人民犯下的滔天罪行。

▲ 邓世昌率领北洋水师抵抗日本侵略者

北洋舰队全军覆没

北洋舰队是中国第一支近代化的海军舰队，同时也是清朝海军中实力最强的舰队，然而这样一支舰队却在中日战争中全军覆没。在日军进攻山东威海卫的过程中，丁汝昌亲自带领北洋舰队顽强抵抗，险些丧命。然而在战争的关键时刻，北洋舰队的一些内部人员居然开始策划投降，这被丁汝昌严词拒绝。丁汝昌在顽强抵抗，请求增派的援兵迟迟未到，仅剩的几艘战舰的弹药都已用尽，他感觉大势已去，于是派人炸沉了已经搁浅的军舰，自己也以身殉国。后来，清政府向日本递交了投降书，日军进入威海卫，北洋舰队全军覆没。

▼ 《马关条约》的签订

《马关条约》

甲午中日战争最终以北洋舰队全军覆没而告终，战后清政府同日本签订了丧权辱国的《马关条约》。条约规定，清政府除了要割让辽东半岛、台湾全岛及附属各岛屿、澎湖列岛给日本外，还要赔款白银2亿两。另外，清政府还被迫开放沙市、重庆、苏州、杭州为通商口岸，允许日本在通商口岸设工厂。《马关条约》的签订严重破坏了我国国土完整，同时大额赔款也加重了中国人民的负担。中国无数同胞惨遭日寇蹂躏，陷入了痛苦的深渊。

八国联军侵华

随着甲午中日战争中清政府的战败和《马关条约》的签订，西方列强更加肆无忌惮，加强了对中国的掠夺。中国人民生活苦不堪言，反帝情绪日益高涨。尤其是巨额的战争赔款不断加重人民的负担，引发了义和团运动。西方列强以此为由，趁火打劫，妄图吞占中国。

义和团运动

义和团的前身是义和拳。义和拳是一个秘密的民间组织，最初是进行反教会斗争。1899 年，义和拳改名为“义和团”，并树起了“扶清灭洋”的口号。义和团运动积攒着中国人民对于外国侵略者的仇恨，在长期的压迫下，这股仇恨化成了轰轰烈烈的反抗运动。

八国联军入侵

轰轰烈烈的义和团运动使帝国主义列强感到惶恐不安，但同时他们认为这是一个瓜分中国的好机会，他们可以通过借口镇压义和团运动再次在中国发起战争。1900 年 4 月，英、法、德、美公使联合起来要求清政府在两个月内剿除义和团，否则他们就会派兵代清政府剿平。1900 年 5 月，各国政府经过磋商，决定联合出兵镇压义和团。而清政府非常懦弱，居然批准了这次镇压活动，允许洋兵进京。于是，俄、英、美、日、德、法、意、奥八国组成联军直接进入北京。

▼ 义和团对抗八国联军

北京的沦陷

1900 年 8 月 13 日，八国联军决定进攻北京。第二天便发动了约两万人穿过天津进军北京。部分爱国清军与义和团联合起来同八国联军进行了激烈的战争，然而北京保卫战还是以清朝失败告终。8 月 15 日凌晨，八国联军攻入皇城，慈禧携光绪帝出逃。八国联军攻进北京后到处放火，宫殿内火光冲天。同时，八国联军公开命令全体官兵烧杀抢掠，他们抢劫军民、皇宫、官衙和府第，掠夺了大量的珍贵文物、金银珍宝，满载而去。这些事实揭露了西方资本主义文明背后的野蛮残暴，体现了资本主义强盗的本质。

▲ 八国联军进入北京后，大肆烧杀抢掠

《辛丑条约》的签订

八国联军攻陷北京以后，清政府被迫签订了丧权辱国的《辛丑条约》。条约内容主要包括：赔款 4.5 亿两白银；在北京设立使馆区，中国人不许在使馆区内居住；拆毁大沽炮台；禁止中国人参加任何形式的反帝活动；把总理衙门改为外务部等。《辛丑条约》的签订是西方列强给中国人民戴上的一副沉重的枷锁。通过这个条约，西方列强从政治、经济、军事等各个方面控制了中国，中国主权丧失殆尽，巨额的赔款使中国人民陷入了痛苦的深渊，社会经济濒临崩溃。

洋务运动

伴随着外国对中国侵略程度的加深，清政府开始意识到外国坚船利炮的厉害。为了解除内忧外患，维护清王朝统治，部分清朝官员以“自强”和“求富”为口号，掀起了向西方学习先进技术的浪潮。

▲ 洋务运动中的军工厂

安庆内军械所是中国近代机械工业的开端。

洋务派

“洋务”主要是指和西方资本主义相关的一切事务，包括外交、商贸、武器、机器、科学技术等。洋务运动中兴办的洋务就是清朝一部分官员为挽救清政府的统治危机引进的西方一系列先进的武器装备、生产机器、科学技术等。洋务派在中央以奕䜣为代表，地方上以曾国藩、左宗棠、张之洞、李鸿章等为代表。洋务派主张学习西方、师夷长技，并将他们的主张落实到实地，在全国掀起了一场“师夷长技以制夷”的洋务运动。

安庆内军械所

在西方的侵略中国的过程中，清政府真真切切地感受到了坚船利炮的威力。于是，一批近代军火工厂诞生了。在洋务派创办的近代军事工业中，最早的便是曾国藩设立的安庆内军械所，主要生产子弹、火药和炮弹供湘军使用。安庆内军械所制造的炮、船全部是土法制造，并未雇洋工，因此所造的产品品质不高，但这是洋务派仿制西式船炮的开始。

▼ 曾国藩与洋务运动

民用企业的创办

在军事工业的发展过程中，由于经费不足，导致了原料供应跟不上、技术落后、管理混乱、人才匮乏等问题，这制约了军事工业的进一步发展，使得洋务派意识到了“求富”的重要性。同时，“求富”还有一个原因是为了抵制洋商倾销货物和经济掠夺，于是他们创办了多个民用企业以“求富”，这些企业涉及轮船、煤炭、纺织等各个方面。这些近代民用企业中较为重要的有：上海轮船招商局、开平煤矿、上海机器织布局、汉阳铁厂、湖北织布局等。这些企业大都取得了一定的收益与成果，解决了军工企业在资金、原料、燃料等方面的问题，同时在抵制洋货方面也收到了实效。

▲ 洋务运动中的纺布局

京师同文馆

洋务派也创办了一批新式学堂，主要以培养外交翻译人才和技术人才为主。洋务派创办的第一所新式学堂是京师同文馆，这个学堂以培养外交与翻译人才为主，也就是“西文学堂”。同文馆中设了法文馆、俄文馆、日文馆、算学馆等。京师同文馆自设立以来，课程内容不断扩充，制度日益完善，师生人数也不断增加。它由一所单一的外语学校不断扩大成为一所近代化、多学科的外语与科技学校。

戊戌变法

甲午中日战争之后，日本在华势力日益强大，中国的民族危机日益加深。在这样的危急形势下，一些先进的中国知识分子开始探寻救国道路。民族资本主义的发展使民族资产阶级经济实力不断增强，民族资产阶级登上了历史舞台，维新变法运动开始了。

公车上书

《马关条约》签订的消息传到北京，一时间国人群情激愤。康有为、梁启超正在京师参加会试，联合了多省应试举人，组织 1300 多人联名上书请愿，提出拒和、迁都、练兵、变法等主张。但此次上书并未取得成果，都察院以《马关条约》已经签字生效为由拒绝了。

▼ 康有为联合应试举人“公车上书”

▲ 康有为向光绪帝提出了“戊戌新政”

托古改制

当时，西方民主科学思想还未在中国普遍传播，在这种情况下康有为要变法，便要利用孔子来增加说服力。康有为在《孔子改制考》中指出，春秋时期礼乐崩坏，孔子为了宣传自己的思想和建立良好的社会制度，便把这种制度解释为古代曾经实施的制度，以得到人们的认可。康有为借孔子的思想，提出事情是向前发展的，新的必将兴起，旧的也一定会灭亡，因此不能拘泥于旧法，而是要进行变法维新。

维新变法

在康有为等人的鼓动下，光绪帝下定决心不再做傀儡皇帝。1898 年 6 月 11 日，光绪帝颁布了“明定国是”诏，宣布变法，这便是“戊戌变法”。“明定国是”诏颁布后，光绪帝发布了一系列变法诏令，主要内容有：政治上，拟定宪法、立宪法，设议院等；经济上，主张保护工商业发展，奖励创造发明，改革财政等；文化教育上，建议开办京师大学堂，废八股，设译书局，派人出国留学等。这些建议涉及范围较为广泛，但由于部分触及封建统治阶级利益而未全部落实。

戊戌政变

在戊戌变法过程中，维新派与守旧派矛盾不断。特别是在光绪帝推行新政以后，慈禧感觉这个曾经的傀儡皇帝越来越不受自己控制了。在光绪帝大刀阔斧裁撤一部分抵制变法的官员后，慈禧太后感觉形势不妙，开始酝酿政变。1898 年 9 月 14 日，光绪帝召见维新派杨锐，赐其密诏，告诉他自己的帝位将要不保。谭嗣同便想办法拜见了当时主张变法的袁世凯，请求袁世凯救光绪帝，并告诉了他详细的计划。然而，袁世凯佯作应允，转头便把事情告诉了直隶总督荣禄。慈禧听闻，迅速采取行动，将光绪帝囚禁在瀛台，并杀了“戊戌六君子”，戊戌变法以失败告终。

▼ 戊戌变法失败，戊戌六君子被杀

大清的丧钟

西方列强大肆瓜分中国，洋务运动、维新变法都以失败告终。在这样的背景下，革命党人举起了大旗，成功推翻了清朝封建统治，结束了我国2000多年来的封建帝制。

保路运动

在外国的侵华势力威胁下，中国签订了一系列不平等条约，其中涉及中国的路权。为什么西方列强这么重视争夺铁路修筑权呢？因为一旦夺取铁路修筑权，西方列强就可以利用它来运输军队，镇压中国人民。帝国主义对中国人民要求自己修建铁路的举动十分不满，他们向清政府施压，要求铁路收归“官办”。在这样的压迫下，清政府只能同意“铁路国有”，向帝国主义列强借款修路。这种卖国行径引起了全国人民的强烈抗议，在此情况下爆发了一系列的保路运动。

武昌起义

1911年10月10日，震惊中外的武昌起义爆发。随着革命形势的发展，武装起义已是箭在弦上。10月10日晚，革命党人打响了第一枪，枪声划过夜空，迅速传遍了整个武昌城，各处革命党人迅速响应。经过一夜激战，革命军终于占领了武昌城，后来革命军又攻占了汉阳和汉口。

▼ 武昌起义，打响了推翻清政府的第一枪

临时政府诞生

1912 年 1 月 1 日，孙中山在南京宣誓就任中华民国临时大总统，宣告中华民国临时政府成立。消息传出后，全国一片欢腾，各省发来祝贺电报，海外华侨也发电致贺。中华民国临时政府采用阳历纪年，以 1912 年为民国元年。至此，中华民国在曲折的斗争中诞生，它的诞生敲响了大清的丧钟，具有划时代的意义。

▼ 孙中山与中华民国临时政府内阁部分成员

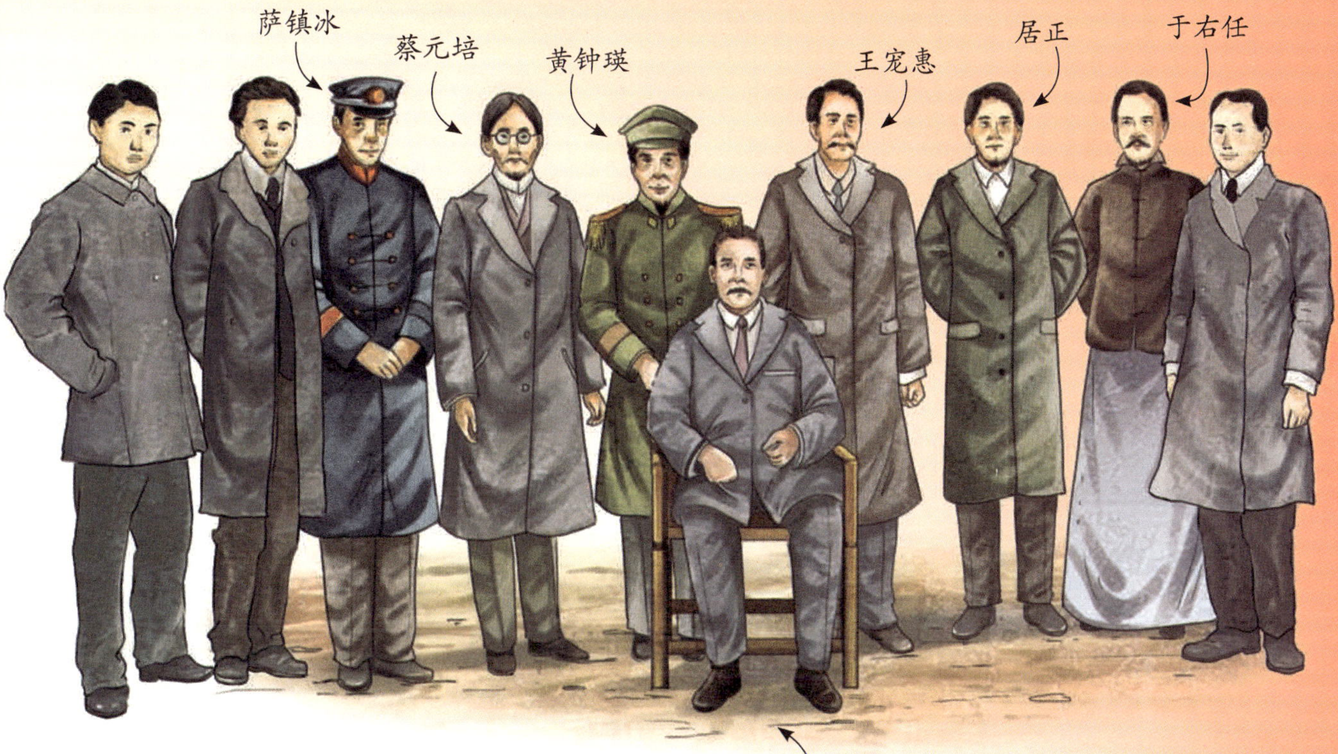

袁世凯窃取革命果实

在孙中山担任中华民国临时大总统后，袁世凯便联合帝国主义以及立宪派、旧官僚等势力迫使孙中山让位。在这样的内外形势压力下，孙中山明确表示只要清帝退位，自己就让位给袁世凯。袁世凯得到这样的保证后，立马向清帝逼宫。一些皇亲贵族等封建势力企图做垂死挣扎，但大势已去，也无能为力。1912 年 2 月 12 日，宣统帝发布退位诏书。2 月 15 日，袁世凯当选临时大总统，辛亥革命的革命果实被袁世凯窃取。

▼ 袁世凯

侵入东北三省的日本士兵

抗日战争的胜利

抗日战争是一次中华民族抵御日本军国主义侵略者的全面战争，也是世界反法西斯战争的重要组成部分。这场战争持续了 14 年之久，中华大地因此满目疮痍，中国人民也为此付出了巨大代价，做出了很多牺牲。值得铭记的是，不屈不挠的中国人民历经千辛万苦最终将侵略者赶出了中国，取得了抗日战争的全面胜利。

九一八事变

从 19 世纪末开始，日本渐渐走上了对外扩张的道路，而地大物博的中国自然成了它的首选侵略对象。1931 年 9 月 18 日，驻扎在中国东北地区的日本关东军伺机而动，先是故意炸毁了南满铁路的一段路轨，随后将这件事嫁祸给中国军队，并以此为由开始袭击北大营和沈阳城，制造了震惊中外的“九一八事变”。很快，东北三省相继沦陷。

七七事变标志着日本全面侵华的开始

七七事变

“九一八事变”后，日本加快了侵略中国的步伐，不断在中国增加精锐部队。1937 年 7 月 7 日，北平卢沟桥附近的日军以士兵失踪为借口求要进城搜查，被拒绝后对当地的中国守军发动进攻，炮轰宛平城，中国守军予以还击，拼死抵抗。这就是著名的“七七事变”，它标志着日军全面侵华战争的开始，也标志着中国进入全面抗战。

▲ 讨论制定抗日作战计划

抗日民族统一战线

在中华民族生死存亡之际，为了救百姓于水火，将侵略者赶出中国，中国共产党从大局出发，积极努力推进国共合作，最终与国民党建立了“抗日民族统一战线”。就这样，国共两党从对抗走向合作，抗日战争迎来了转机。

日军投降

1945 年 7 月，美国、英国与中国共同发布《波茨坦公告》，敦促日本无条件投降。随后，美国分别在日本长崎、广岛投下了原子弹，给日本以沉重打击。在中国军民的奋力抗击以及世界反法西斯同盟的努力下，日军在中国的侵略计划屡屡受挫，在战场上节节败退，最终，日本天皇宣布无条件投降。1945 年 9 月 9 日，侵华日军总司令冈村宁次签署投降书。至此，中国人民反抗日本帝国主义侵略的战争取得了全面胜利。

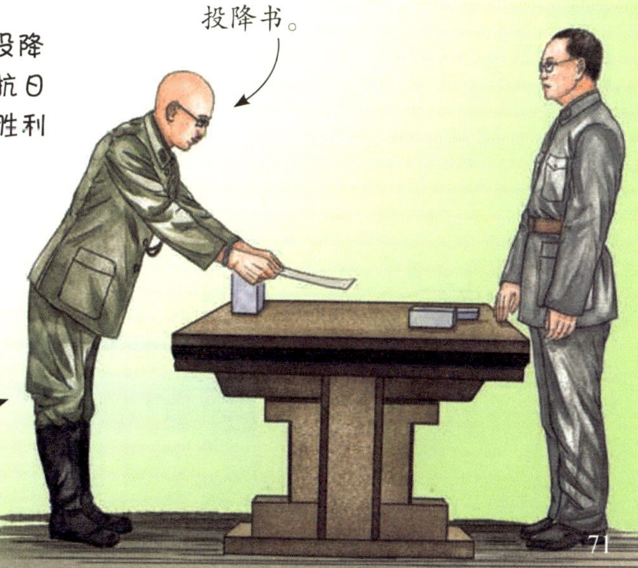

▶ 日本签署投降书，中国抗日战争取得胜利

中华人民共和国成立

中华人民共和国的成立是中国历史上最伟大的事件之一，是中华民族走向复兴的重要里程碑。从此，中国人民真正地站了起来，成了国家的主人。

《双十协定》

抗日战争结束后，国共两党之间的矛盾日益突出。1945 年 8 月至 10 月，以毛泽东为首的中国共产党代表应邀与国民党政府代表在重庆进行了为期 43 天的谈判，双方就多项问题进行了讨论，最终签订了《双十协定》。但是，双方在军队、解放区政权等关键问题上并没有达成共识。不久，国共两党矛盾激化，内战全面爆发。

▲ 重庆谈判后，国共两党签订了《双十协定》

▲ 中国共产党军队发动反攻

中国人民解放战争

中国共产党从人民的根本利益出发，坚持走群众路线，制定并坚持“农村包围城市”的作战方针。最终，在辽沈、淮海、平津三大战役后，国民党军队元气大伤，全线溃败。中国共产党所领导的中国人民解放军跨过长江，占领南京总统府。

开国大典

1949年10月1日下午2时，由毛泽东同志所主持的中央人民政府委员会在北京举行了第一次全体会议。下午3时，30万军民共同聚集在天安门广场，庆祝中华人民共和国成立。毛泽东同志在天安门城楼上庄严宣告："中华人民共和国中央人民政府今天成立了！"从此，中国彻底结束了被帝国主义、封建主义和官僚资本主义长期压迫和剥削的历史，中国人民的命运从此牢牢掌握在自己手中。

伟大意义

新中国的成立，一方面确立了我国社会主义的发展方向，对巩固民族独立和人民解放的成果具有重要意义；另一方面极大地推动了社会生产力的进步，为建设中国特色社会主义，建立健全各项制度，实现国家富强、中华民族伟大复兴奠定了坚实的基础。新中国的成立还壮大了世界社会主义阵营的力量，树立了"独立自主"的良好榜样。中华民族开始以崭新的姿态自立于世界民族之林，中国历史进入新纪元。

▼ 开国大典